KB202561

아카펠라로
교회음악을 노래하다

아카펠라로
교회음악을 노래하다

전상길

좋은땅

❧ 추천사 ❧

문병하

전 강서대학교 교수, 디모데선교회 대표

신학은 글로 열매를 맺어야 한다는 가르침을 늘 강조해 왔다. 그런 점에서 전상길 박사가 이번 책을 통해 학문적 결실을 이루게 된 것을 진심으로 축하하는 바이다. 그는 실천신학과 교회음악이라는 두 영역을 통합하여 학문적 깊이와 실제적 적용 가능성을 모두 갖춘 책을 완성하였다. 이 책은 단순히 교회음악에 대한 이론적 토대를 제공하는 것을 넘어, 한국 교회의 영성을 새롭게 하고 교회의 부흥에 기여할 귀한 도구가 될 것으로 확신한다.

저자 전상길은 박사 학위 과정 동안 학문과 신앙의 조화를 이루기 위해 누구보다 성실하게 노력하였다. 실천신학을 연구하며 목회 현장에서 이를 실천하려는 태도는 늘 인상적이었다. 특히 상도동 그리스도의교회와 영종도 그리스도의교회를 개척하며, 신학과 실천의 균형을 이루고자 하는 그의 노력은 한국 교회에 중요한 본보기가 될 만하다. 이러한 모습은 내가 실천신학에서 늘 강조해 온 가르침을 충실히 실현한 결과라 할 수 있다. 그는 다음 세대 지도자로서, 그리스도의 복음을 전하며 한국 교회의 새로운 길을 열어 가는 데 중요한 역할을 감당하고 있다.

특히 이번 책은 교회음악의 본질과 역할을 신학적 관점에서 조명하며, 음악을 통한 선교의 가능성을 적극적으로 탐구하고 있다. 그는 선교에도 뜻이 있어 디모데선교회와 협력하고 있으며 음악이 단순한 예배의 요소를 넘어 영적 부흥과 공동체 형성의 중요한 도구로 쓰일 수 있음을 증명하길 바란다.

이 책은 실천신학의 근간 위에서 교회음악의 새로운 길을 제시하며, 예배와 선교의 지평을 확장하는 데 중요한 역할을 할 것이다. 독자들은 이 책을 통해 교회음악이 단순히 전통을 유지하는 도구가 아니라, 새로운 시대에 맞는 예배의 방식으로 발전할 가능성을 발견하게 될 것이다. 전 박사의 연구는 학문적 성취일 뿐만 아니라, 그가 목회 현장에서 이루고자 하는 비전의 연장이기도 하다.

이 책이 한국 교회와 그리스도인의 삶에 큰 영감을 줄 것을 믿어 의심치 않는다. 전상길 박사의 학문적 여정과 목회적 사역이 앞으로도 하나님의 큰 도구로 쓰임받기를 기대하며, 이 책이 독자들에게 풍성한 유익과 감동을 선사하기를 소망한다.

❧ 추천사 ❧

그레고리 티드웰

가스펠 에드버킷 편집장, 피싱거 로드 그리스도의교회 전도자

아카펠라로 교회음악을 노래하다: 교회음악개론은 단순한 학문적 연구나 교재를 넘어선다. 이 책에는 전상길 박사의 신앙과 열정, 그리고 교회를 향한 깊은 사랑이 녹아 있다. 현대 교회에서 점차 잊혀 가는 아카펠라 찬송의 가치를 다시 발견하게 하고, 이를 어떻게 예배에 실천적으로 적용할 수 있을지에 대한 따뜻하면서도 진지한 통찰을 담고 있다. 예배와 찬양에 관심 있는 이들에게 깊은 영감을 선사할 것이다.

교회음악의 성경적 뿌리에서 출발해 역사적 흐름을 짚어가며 오늘날 예배에서 실제로 적용 가능한 다양한 방안을 제시하고 있다. 특히, 한국 교회의 독특한 문화와 상황을 깊이 이해하며, 아카펠라 찬송이 가진 순수한 아름다움을 복원하려는 저자의 열정이 강렬하게 느껴진다. 이를 통해 찬송이 예배의 경건함을 회복하고, 회중이 하나 되어 하나님께 찬양을 드리는 본질적인 길을 제시한다. 이 과정에서 교회음악이 단순한 기술이 아니라 신앙과 영성의 중심에 있다는 점을 다시 한번 깨닫게 한다.

전상길 박사는 학문적 깊이와 실천적 지혜를 겸비한 보기 드문 교회음악 전문가이다. 그는 단순히 훌륭한 학자일 뿐만 아니라, 나의 사랑하는

영적 아들이기도 하다. 그의 글은 단순히 지식을 전달하는 것을 넘어, 찬송에 대한 그의 열정과 사랑을 생생히 느끼게 한다. 나 또한 그와의 대화 속에서 그의 진지함과 섬세함, 그리고 교회를 향한 헌신을 직접 경험한 바 있다. 그러한 그가 이처럼 귀하고 값진 책을 세상에 내놓게 되어 진심으로 축하와 기쁨을 전한다.

아카펠라로 교회음악을 노래하다: 교회음악개론은 단지 과거를 돌아보는 데서 그치지 않는다. 현대 교회의 예배와 찬양이 나아가야 할 방향을 명확히 제시하며, 전도자와 장로들, 예배 인도자, 그리고 교회음악을 사랑하는 모든 이들에게 더 깊은 신앙적 통찰과 실천적 지혜를 제공한다. 나아가 이 책을 한국 교회에 강력히 추천하며, 이 소중한 책이 더 많은 이들에게 영적 감화와 유익을 주기를 간절히 바라는 바이다.

❧ 추천사 ❧

김용재
강서대학교 총장

한국 교회의 찬양 문화에 새로운 장을 열며, 아카펠라 찬양의 영성을 회복하기 위해 평생을 헌신해 온 전상길 박사가 *아카펠라로 교회음악을 노래하다: 교회음악개론*을 출간하였다는 소식에 깊은 기쁨과 감동을 느낀다. 이 책은 단순히 교회음악을 소개하는 것을 넘어, 찬양의 본질과 영적 깊이를 재조명하며, 한국 교회가 나아가야 할 새로운 찬양의 길을 제시하는 귀한 안내서이다.

전상길 박사는 한국 교회에서 아카펠라 찬양의 뿌리를 내리기 위해 끊임없이 연구하고 노력해 온 학자이자 음악가이다. 그의 저서는 성경적 토대를 바탕으로 초대교회부터 현대에 이르기까지 교회음악의 변천 과정을 체계적으로 정리하며, 아카펠라 찬양이 가진 영성과 신학적 가치를 강조한다. 나아가 이를 현대 교회 안에서 실질적으로 구현할 수 있는 구체적인 방안을 제시하고 있다.

이 책은 찬양의 본질에 대한 깊은 통찰을 제공한다. 찬양의 목적이 단순히 감정의 고양이 아니라, 예배의 본질로 돌아가 하나님께 영광을 돌리는 데 있음을 강조하며, 아카펠라 찬양이야말로 하나님과의 친밀한 교제를 돕는 순수한 예배의 형태임을 설득력 있게 설명한다.

이론과 실천을 겸비한 이 책은 아카펠라 찬양을 하고 있는 교회는 물론, 새로운 찬양 형태를 고민하는 교회들에게도 귀한 자료가 될 것이다. 단순히 교회음악의 이론서로 머물지 않고, 찬양의 패러다임을 바꾸는 중요한 역할을 할 잠재력을 가진 책이라 확신한다. 이 책을 통해 한국 교회가 아카펠라 찬양의 순수한 아름다움을 회복하고, 더욱 풍성한 예배로 나아가기를 소망한다.

마지막으로, 아카펠라 찬양의 새로운 시대를 꿈꾸며 이 책을 집필한 전상길 박사에게 깊은 감사와 축하를 전한다. 그의 헌신과 열정이 담긴 이 책이 한국 교회의 찬양 문화에 큰 전환점을 마련하기를 진심으로 기대한다.

⚜ 추천사 ⚜

안찬용

서울장신대학교 교수, GCM엔터테인먼트 대표, 빅콰이어 대표

아카펠라로 교회음악을 노래하다: 교회음악개론은 아카펠라의 음악적 기능을 교회음악과 찬송가, 회중 찬양에 적용하여 예배와 음악 사역의 확장을 돕는 귀중한 지침서이다.

그동안 아카펠라 찬송의 활용법과 이를 가르치고 지도할 교육법이 부족하여 교회에 보급되기 쉽지 않았다. 이 책은 이러한 문제를 개선하며, 아카펠라 찬송을 더 쉽게 이해하고 활용할 수 있는 새로운 접근법과 아이디어를 제공한다.

책에서는 현대 교회 예배에서 사용하는 다양한 음악 기법을 소개하고 있다. 곡의 구조와 형식, 편곡, 코러스, 브리지, 패싱 노트, 아르페지오, 텐션 코드, 싱커페이션 등의 음악적 기술뿐만 아니라, 실제 아카펠라 찬송곡을 분석하여 적용된 사례들을 제시하고 있다. 또한, 예배 인도자의 영성과 실제적인 예배 기획 즉, 콘티 작성, 팀 운영, 리더십과 소통의 방법까지 구체적으로 제시하며 현대 교회 예배의 필요를 충족시킬 방안을 탐구하고 있다. 아카펠라 찬송에 대한 연구가 부족한 한국 교회 상황에서 이 책은 교회음악과 회중 예배의 활용에 큰 응원이 된다.

아카펠라로 교회음악을 노래하다

전상길 박사는 교회음악 학부를 졸업하고 석사과정을 마친 후 실용음악학원과 기독교 음악 엔터테인먼트를 운영하였다. 그는 음악과 영성을 겸비한 사역자로 한국교회에 헌신해 왔다. 이후 복음을 전하는 목회자로서 한국 교회를 섬기며, 대학에서 후학을 양성하는 등 열정적으로 사역하고 있다. 그의 아내 고은주 사모 역시 음악을 전공하며 전 박사의 전도자 사역에 동역하고 있으며, 자녀들 전사랑, 하라 또한 음악과 신앙 안에서 무럭무럭 성장하고 있다. 나는 대학 시절부터 이 부부와 함께해 온 선후배로서, 그들의 삶이 신앙과 예술이 조화를 이룬 아름다운 본보기임을 자신 있게 말할 수 있다.

이 책은 신앙과 예술이 조화롭게 녹아든 결과물이며, 하나님을 향한 뜨거운 사랑과 헌신의 열매이다. 한국 교회의 예배와 음악 사역, 그리고 크리스천 아티스트들에게 특별한 선물이자 유용한 지침서로 널리 활용되고 사랑받기를 바란다.

❧ 머리말 ❧

이 책, 아카펠라로 교회음악을 노래하다: 교회음악개론은 저자가 박사 논문으로 연구했던 「현대 교회에서 아카펠라 찬송의 실천적 활용 방안」을 수정하고 편집하여 엮은 것이다. 교회 음악은 예배와 신앙 공동체의 중심에 있으며, 그 가운데 아카펠라 찬송은 성도들의 목소리를 통해 영적인 연합과 깊은 찬양을 이루는 특별한 방식이다. 본서는 교회 음악의 역사적 뿌리와 신앙적 의미, 그리고 현대 교회에서의 실천적 활용 방안을 체계적으로 다루며, 오늘날 예배 현장에서 교회 음악이 어떻게 의미 있게 쓰일 수 있는지를 탐구하고자 한다.

책의 첫 부분에서는 구약과 신약 시대의 예배와 찬송의 형성과 발전을 설명하며, 성막과 성전 예배에서 시작해 초기 교회의 찬송에 이르는 과정을 통해 교회 음악의 기원과 초기 발전 과정을 살펴본다. 이 과정에서 예배와 찬양이 신앙 공동체의 정체성과 영적 유산 형성에 어떻게 기여했는지를 조명하여, 독자들이 교회 음악의 근본적 의미를 이해할 수 있도록 돕고자 한다.

이후 중세, 종교개혁, 현대교회로 이어지는 교회 음악의 변천 과정을 살펴보며, 각 시대의 음악적·신학적 특징을 분석한다. 특히 종교개혁 이후 교회 음악의 변화와 한국 교회 내 아카펠라 찬송의 전통 및 현대적 적용 가능성에 대한 내용을 포함하여, 독자들이 교회 음악의 전통을 오늘날의 실천과 연결해 이해할 수 있도록 한다.

마지막 부분에서는 아카펠라 찬송의 실천적 활용 방안과 현대 예배에서의 역할을 제시한다. 아카펠라 찬송이 예배적·영적 역할을 통해 성도들이 하나님의 임재를 경험하고, 공동체의 유대감을 형성하는 데 기여할 수 있는지 다각적으로 탐구한다. 또한, 현대 교회 예배에서 아카펠라 찬송을 효과적으로 적용할 수 있는 구체적인 방법과 음악적 기법을 소개함으로써, 목회자와 찬양 사역자뿐만 아니라 신학과 음악을 공부하는 학생들에게도 실질적인 이해와 적용 방안을 제공하고자 한다.

이 책이 나오기까지 수많은 사람들의 격려와 도움이 있었다. 하나님의 나라를 세우기 위해 각처에서 헌신하고 있는 그리스도의교회 형제자매들께 깊은 감사를 드린다. 강서대학교 신학과의 학생들과 교수들, 김용재 총장, 전인수 교수, 박신배 교수, 심상길 교수, 김해영 교수, 조재형 박사, 조천권 박사, 그리고 실천신학 스승이신 문병하 교수께서도 귀중한 지식과 인내로 함께해 주셨다. 또한 그리스도의교회 역사 연구소의 신용구 박사와 강서대학교 교목실의 전신호 목사께도 감사의 마음을 전한다. 찬양사역의 동역자인 안찬용 교수, 김성배 목사, 김훈섭, 김아영, 심두한 목사, 조은아, 김병주, 전덕진, 승애림, 태경미, 윤성효 목사, 최의성 목사, 박현승, 장태환 목사, 송정미 교수, 강명식 교수, 백승남 교수, 권광은 교수께 감사를 전한다.

첫 개척인 상도동교회 식구들, 특히 고은열, 박종윤 전도자와 제주중앙교회 식구들, 영종 하늘도시교회 식구들에게 감사를 전한다. 특별히 사랑으로 나를 늘 격려한 양상용 전도자, 이종배 전도자, 최승기 전도자, 함동수 전도자, 김범수 목사, 영적인 아버지 그레고리 티드웰(Gregory Alan Tidwell)께 깊이 감사드린다. 무엇보다, 나를 이 자리에 있게 해 주신 어

머니와, 처음부터 지금까지 변함없이 믿고 사랑해 준 아내 고은주와 사랑하는 딸들 전사랑, 하라에게 진심 어린 감사를 전하고 싶다.

마지막으로, 나를 아시고 나를 향한 원대한 계획을 이루어 가시는 하나님께 모든 영광과 감사를 드린다.

❖ 목 차 ❖

II 아카펠라 찬송 인도자의 영성과 음악성

III 아카펠라 찬송 인도자가 갖춰야 할 관점

IV 아카펠라 찬송 인도의 실제적 활용 방안과 발전

V 아카펠라 찬송의 분류와 음악적 분석

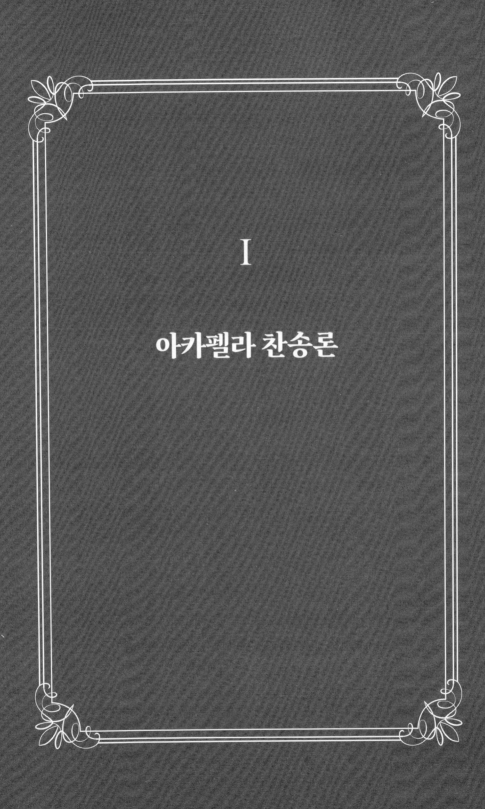

I

아카펠라 찬송론

1. 예배와 찬송의 개념

(1) 예배의 정의와 본질

예배학자 더글라스(Winfred Douglas)는 "예배란 하나님의 영광을 위해 우리의 모든 능력을 바치는 것"이라고 정의하며, 예배의 본질을 강조하였다. 그의 예배 개념은 전례와 음악을 통해 신앙 공동체가 하나 되어 하나님께 나아가는 것에 중점을 둔다.[1] 더글라스는 예배를 통해 공동체가 함께 하나님을 경배하고, 그분께 헌신하는 행위를 통해 예배의 의미를 완성한다고 보았다.

기독교 예배는 시대와 문화를 초월해 일관된 본질을 유지해 왔다. 이사야 43장 7절에서는 인간이 창조된 목적이 하나님께 영광을 돌리는 것임을 밝히며, 이사야 43장 21절은 하나님께서 찬송을 통해 영광 받기를 원하신다고 선포한다. 이는 예배가 인간의 창조 목적과 연결된, 하나님께 드리는 헌신적 행위임을 보여 준다.

더글라스는 이러한 본질을 전례와 음악이 뒷받침한다고 보았다. 그는 공동체가 전례와 찬양을 통해 하나님의 임재 안에서 함께 경배할 때, 하나님께서 그들의 중심에 거하신다고 믿었다. 전례는 공동체 예배에 질서와 일관성을 부여하며, 예배자들이 하나님 앞에 나아가는 방식과 그분을 향한 헌신을 일관되게 표현하도록 돕는다. 음악 역시 공동체의 마음과

---

1) 전례는 기독교에서 예배나 종교 의식을 공식적인 형식에 따라 진행하는 것을 의미한다.

뜻을 모아 하나님의 영광을 노래하게 하고, 찬송을 통해 신앙 고백을 더욱 확고히 한다.

따라서 더글라스의 예배 정의는 하나님께 헌신하는 공동체의 전체적 참여를 요구하는데, 예배는 단지 개개인의 경배가 아닌, 전례와 음악을 통해 하나 된 신앙 공동체가 하나님을 높이는 종합적인 행위이다.

브루너(Emil Brunner)에 따르면, 계시는 하나님께서 자신을 인간에게 나타내시고 말씀하시는 행위이며, 인간은 이 계시를 통해 하나님의 뜻을 알게 된다. 그리하여 예배는 하나님이 주도적으로 일으키시는 사건으로서, 인간은 하나님께서 보여주신 진리에 대한 응답으로 하나님께 영광을 돌리게 된다. 반응은 계시에 대한 인간의 자발적인 고백과 응답을 의미하며, 예배 속에서 회개, 감사, 찬양, 그리고 헌신의 자세로 나타난다. 인간은 하나님께서 자신의 뜻을 계시하셨을 때, 이에 순종하고 경배함으로써 진정한 예배자로 설 수 있다고 브루너는 주장했다.

맥아더(John MacArthur)는 예배를 "최상의 존재에게 표하는 경의"라고 정의하며, 예배가 인간의 경외심을 하나님께 돌리는 중요한 행위임을 강조한다. 인간은 본성적으로 자기중심적이지만, 하나님을 진정으로 경험할 때 비로소 자기 자신을 부인하고 참된 예배자로 나아갈 수 있다고 본다. 이는 예배가 하나님께 모든 영광을 돌리고, 신앙 공동체가 함께 하나님을 높이며 그분의 성품과 능력을 경배하는 고백적 행위라는 점에서 중요한 의미를 가진다.

맥아더는 예배가 하나님의 임재에 대한 반응이라고도 말한다. 예배는 인간이 하나님을 높이고 찬양하며 헌신을 다짐하는 중심적인 신앙 표현이다. 특히 찬송은 하나님을 깊이 체험한 성도가 마음과 뜻을 모아 드리는 고백적 표현으로, 하나님께 대한 절대적인 경외심과 헌신을 드러낸다. 이러한 찬송은 단순히 노래에 그치지 않고, 예배자들이 자신을 낮추고 하나님께 헌신함으로써 그분의 위대하심을 인정하고 찬양하는 방식이다.

맥아더의 관점에서 참된 예배란 하나님을 진정으로 경험하고, 이를 통해 모든 영광을 하나님께 돌리는 것이다. 예배자는 자신의 중심을 하나님께로 돌리며, 이로 인해 성도들은 참된 예배자가 되어 하나님을 섬기고 그분을 기쁘시게 하려는 헌신적 자세로 나아가게 된다.

> 요한복음 4장 23~24
> 23 그러나 참되게 예배하는 사람들이 영과 진리로 아버지께 예배할 때가 온다. 지금이 그 때이다. 아버지께서는 이렇게 예배하는 사람들을 찾으신다.
> 24 하나님은 영이시니, 예배하는 사람도 영과 진리로 예배하여야 한다.

신약성경에서 예배를 의미하는 용어 '프로스쿠네오(προσκυνέω)'는 최상의 존재 앞에 엎드려 절하는 행위를 나타내며, 이는 절대자 앞에서 인간이 취하는 겸손과 굴복을 상징한다. 따라서 찬송 인도자의 역할은 단순히 음악을 이끄는 것에 그치지 않는다. 그는 찬송을 통해 회중을 예배의 의미 안으로 이끌고, 하나님께 경의를 표하도록 돕는 직무를 수행하는 자이다.

예배는 하나님을 경배하고 찬양하며, 그분의 존재와 일하심을 인정하고 영광을 돌리는 신앙의 중심적인 행위이다. 예배는 단순히 의식이나 절차로 이루어진 것이 아니라, 성도의 삶을 통해 드려지는 총체적인 헌신과 경배로 이해된다. 예배의 히브리어 용어 '아바드'와 헬라어 '라트레이아(λατρεία)'는 각각 '섬김'과 '봉사'의 의미를 지니고 있어, 예배가 성도의 일상적 삶 전체를 하나님께 드리는 헌신과 관계가 깊다는 것을 나타낸다. 이는 예배가 단순히 한 주일의 특정 시간에 드려지는 종교적 행위가 아니라, 성도의 삶 전반에 걸쳐 하나님께 대한 사랑과 경외를 표현하는 방식임을 보여준다.

예배의 본질을 이해하는 데 있어서 구약 성경은 중요한 역할을 한다. 구약의 예배는 아브라함과 이삭의 제사(창세기 22장)와 같은 예를 통해 절대적인 순종과 헌신을 표현하였고, 출애굽 이후 이스라엘 백성이 광야에서 드렸던 성막 예배는 하나님과의 만남과 용서를 위한 구체적이고 형식화된 예배 방식이었다. 성막은 하나님께서 이스라엘과 함께 거하시며 그들 가운데 거하신다는 상징적 의미를 지닌 이동식 예배 장소로서, 그 장소가 어디이든 하나님께 예배드릴 수 있음을 나타내었다.

이와 달리 솔로몬이 세운 예루살렘 성전(열왕기상 8장)은 고정된 예배의 중심지로서, 이스라엘 백성의 예배와 헌신의 구심점 역할을 했다. 성전 예배는 고정된 장소에서 국가적으로 드려지는 공식적이고 공동체적인 예배의 성격을 지니고 있으며, 이러한 형태는 하나님께서 자신의 백성과 함께 거하시며 그들의 삶과 역사를 주관하신다는 점을 강조하였다.

신약에 이르러 예배의 본질은 더욱 영적이고 내적인 본질로 정의되기 시작한다. 예수님은 요한복음 4:23~24에서 하나님께 드리는 예배가 형식적인 장소나 제사에 한정되지 않고, 영과 진리로 하나님께 드려야 한다고 가르치셨다. 이는 예배가 단순한 의식에 그치는 것이 아니라 예배자의 진심과 헌신이 중요하다는 점을 강조하며, 성령 안에서 하나님을 섬기는 진실한 신앙의 표현이 되어야 한다는 것을 나타낸다.

〈요점〉
① 에밀 브루너: 예배는 하나님의 계시에 대한 인간의 응답이다.
② 윈프레드 더글라스: 예배는 전례와 음악을 통한 공동체의 경배이다.
③ 존 맥아더: 예배는 성경적 진리와 순종을 통한 하나님께의 헌신이다.

(2) 찬송의 어원과 역할

(a) 히브리어 찬송

구약 성경에서 찬송을 의미하는 다양한 히브리어 용어는 찬송이 지니는 신학적 깊이와 의미를 전달해 준다. 이러한 용어들은 하나님을 경배하고, 그분의 영광을 드러내며, 신앙의 고백을 표현하는 중요한 예배 요소로 사용된다. 주요한 히브리어 용어로는 할랄, 야다, 바라크가 있으며, 각 용어는 그 의미와 성경 내 사용된 맥락에 따라 찬송의 특성을 드러낸다.

ⓐ 할랄(הלל)
할랄의 기본 의미는 '명백해지다', '밝아지다', '빛나다', '과시하다', '어리석다' 등이다. 이는 찬송이 어두운 세상 속에서 하나님의 영광을 빛나게 하며, 하나님의 위대하심을 드러내는 고백임을 의미한다. 시편에서 자주 사용된 이 용어는 하나님께 대한 기쁨과 경외심을 표현하는 찬송의 핵심 개념으로 자리 잡는다.

- 예시 구절: 시편 117:1, 시편 145:2, 역대상 16:36, 25:3 등에서 할랄은 하나님의 영광을 선포하는 의미로 쓰인다.
- '할렐루야'의 의미: 교회에서 자주 사용하는 '할렐루야'는 할랄의 명령형 '할렐루'와 하나님을 가리키는 야훼(יהוה)의 줄임말 '야(יָהּ)'가 합쳐져 "하나님을 찬양하라"는 뜻이다. 이는 찬송의 명령형으로, 신앙 공동체가 함께 하나님을 경배하며 기쁨으로 고백하는 표현이다.

ⓑ 야다(יָדָה)

야다는 '경배하다', '감사하다', '경축하다', '찬양하다'는 의미로, 하나님 앞에서 두 손을 드는 행동을 통해 권리를 포기하고 하나님께 자신을 맡기는 자세를 나타낸다. 구약 성경에서 이 용어는 성도들이 겸손히 하나님께 순종하며 그분께 의지하는 태도를 상징적으로 표현한다.

- 예시 구절: 창세기 29:35, 역대상 29:13, 시편 30:13 등에서 야다는 하나님께 대한 감사와 경배의 행위로 등장한다.
- 특징적인 의미: 할랄이 하나님의 위대함에 대한 기쁨과 찬양을 표현한다면, 야다는 하나님께 의지하며 신실한 고백을 드리는 차이를 보인다.

ⓒ 바라크(בָּרַךְ)

바라크는 '무릎을 꿇다', '엎드리다', '절하다'라는 의미를 지니며, 하나님 께서 다스리시는 분임을 고백하고 섬기는 경배의 자세를 나타낸다. 찬송 중 바라크는 하나님 앞에서 자신의 자리를 겸손히 인정하고, 자신을 낮추 는 마음으로 하나님을 높이는 것을 의미한다.

- 예시 구절: 역대하 6:13, 시편 95:6, 104:1 등에서 사용되며, 이는 하 나님의 위대하심과 능력 앞에 경배하는 신앙의 표현이다.

(b) 헬라어 찬송

신약 성경에서는 헬라어가 사용되었으며, 찬송을 나타내는 다양한 용 어가 등장한다. 각 용어는 찬송을 통해 하나님께 드려지는 예배의 특성 과 의미를 더욱 분명하게 보여준다. 대표적인 용어로는 아이노스, 독사, 율로기아, 프살로가 있다.

ⓐ 아이노스(αἶνος)

아이노스는 본래 '이야기'를 뜻하는 명사이며, 하나님의 행하신 일과 그 분의 성품을 전하는 찬양으로 사용되었다. 이는 하나님의 계시에 대한 신앙적 반응을 의미하며, 신앙 공동체가 하나님의 놀라운 일을 이야기하 며 찬양하는 것을 뜻한다.

- 예시 구절: 마태복음 21:16, 누가복음 18:43 등에서 하나님께 드리는

찬양으로 사용된다.

- 파생 용어: 아이네오(αἰνέω)는 아이노스에서 파생되어 '하나님을 찬양하다'는 의미를 가진다.

ⓑ 독사(δόξα)

독사는 '광명', '훌륭함', '영광'을 뜻하며, 독사조(δοξάζω)는 '찬양하다', '존경하다', '영광을 돌리다'의 의미로 사용된다. 이 단어는 삼위 하나님께 드려지는 찬송으로, 영광을 나타내는 모든 표현이 하나님께 집중될 것을 나타낸다.

- 예시 구절: 마태복음 5:16, 로마서 1:21 등에서 하나님께 영광을 돌리는 찬송으로 사용된다.
- 의미의 확장: 독사는 신앙 공동체가 하나님께 모든 영광을 돌리며 그분의 위대하심을 인정하는 마음을 강조한다.

ⓒ 율로기아(εὐλογία)

율로기아는 아름다운 말로 찬양을 드리는 것을 뜻하며, 하나님께 최고의 찬양을 올리는 예배적 행위를 나타낸다. 예배 중 찬송은 가장 아름답고 존경을 담아야 한다는 개념을 담고 있다.

- 예시 구절: 요한계시록 5:12, 7:12 등에서 찬양의 의미로 사용된다.
- 특별한 의미: 로마서 16:18에서는 아첨이나 아름다운 말로도 사용되어, 신앙의 노래가 하나님께 드려지는 가장 존귀한 노래로 인식되어

야 함을 시사한다.

ⓓ 프살로(ψάλλω)

프살로는 본래 '문지르다(ψάω)'에서 유래하여 '노래하다', '찬송하다'는 의미로 발전하였고, 교회 전통에서 찬양의 노래로 발전해왔다. 이 단어는 종종 성악 찬송을 의미하지만, 특정한 악기를 동반하는 연주와는 구별된다.

- 예시 구절: 로마서 15:9, 고린도전서 14:15, 에베소서 5:19에서 프살로는 찬양의 노래로 쓰이며, 신앙 공동체가 함께 하나님을 찬양하는 방식으로 나타난다.
- 초기 교회 해석: 일부 학자들은 프살로와 프살모스가 성악을 포함하는 의미로서, 초대 교회가 실제로 악기보다는 목소리로만 찬송을 드렸을 가능성을 제안한다. 퍼거슨에 따르면, 프살모스와 프살로는 음악의 포괄적 표현이기 때문에 악기와 성악 모두의 의미를 내포할 수 있지만, 초기 교회의 찬양은 주로 성악 중심이었다고 해석된다.

(3) 예배와 찬송의 상관성

예배와 찬송은 서로 밀접하게 연결되어 있으며, 예배 안에서 찬송이 차지하는 역할은 매우 크다. 예배는 성도들이 하나님께 영광을 돌리고 그분께 헌신하는 중심적 행위이며, 찬송은 이러한 예배의 마음을 표현하고

아카펠라로 교회음악을 노래하다

하나님께 감사와 경배를 드리는 구체적인 방식이다. 예배 중에 드리는 찬송은 하나님을 높이고 그분의 이름을 영광스럽게 하며, 예배자들이 하나님께 나아가 그분의 위대하심을 선포하는 중요한 방법이 된다.

찬송은 예배를 더 풍성하게 하고, 예배자들의 신앙 고백을 명확히 표현하게 하며, 공동체가 하나 되어 하나님께 드리는 경배의 순간을 공유하게 한다. 찬송을 통해 성도들은 하나님 앞에 나아가며, 마음과 뜻을 모아 그분께 영광을 돌린다. 예배와 찬송의 상관성은 찬송이 예배의 일부로서 하나님과의 관계를 더욱 깊게 만들고, 공동체 안에서 동일한 신앙을 고백하게 만드는 중요한 역할을 한다.

(4) 아카펠라 찬송의 어원과 정의

'아카펠라(A Cappella)'는 기악 반주 없이 오로지 목소리만으로 하나님께 찬송을 드리는 예배 방식으로, 중세 교회에서 그 기원을 찾을 수 있다. 'A Cappella'는 라틴어로 작은 예배 공간을 의미하며 '교회 식으로'라는 뜻을 지닌다. 현재는 주로 악기 없이 목소리만으로 연주하는 음악 장르로 사용되고 있다. 당시 교회 내에서 악기를 사용하지 않고 순수하게 목소리로만 찬양을 드렸던 전통에서 유래되었다. 이러한 형태는 하나님께 예배드릴 때 인간의 목소리만을 사용하여 신앙적 고백을 드리는 순수하고 경건한 예배의 상징으로 자리 잡았다.

(a) 구약과 신약 성경에서의 악기 사용

구약 성경에서는 찬양에 있어 악기를 사용할 것을 명시적으로 언급하고 있다. 시편과 역대기 등 여러 구절에서 악기를 통해 하나님을 찬양하는 모습이 자주 나타나며, 하나님께 영광을 돌리기 위해 수금, 비파, 나팔, 심벌즈와 같은 다양한 악기를 사용하여 노래하도록 권장되었다. 이는 하나님께 드리는 예배에서 음악이 중요한 역할을 했음을 보여주며, 공동체가 악기를 통해 하나님께 경배와 찬송을 드리는 구체적인 방식을 제시한 것이다.

그러나 신약 성경에서는 악기 사용에 대한 구체적인 지침이나 명령이 명시되지 않는다. 초기 기독교 공동체에서는 목소리로만 찬양을 드리는 것이 자연스러웠으며, 예배와 찬양에서 성도의 진심과 신앙 고백을 전달하는 데 인간의 목소리만으로도 충분하다는 인식이 자리 잡았다. 이러한 이유로, 신약 시대 이후 약 1,000년 동안 기독교 예배에서는 악기를 사용하지 않는 아카펠라 찬송이 주요한 예배 전통으로 자리 잡았다.

(b) 아카펠라의 발전과 교회의 적용

아카펠라 찬양은 기독교 역사 속에서 특별한 신앙적 의미와 예배적 가치를 인정받으며 발전해 왔다. 로마 가톨릭교회는 11세기에서 14세기에 이르러 점차 예배 음악에 악기를 도입하기 시작했다. 교황 그레고리우스 1세가 그레고리안 성가를 발전시키며 예배에 조화를 더하고자 했고, 이후 유럽 교회 음악에서 다양한 악기들이 사용되기 시작했다. 그러나 동방

아카펠라로 교회음악을 노래하다

정교회(Eastern Orthodox Church)는 이러한 변화에도 불구하고 현재까지 아카펠라 전통을 유지하고 있으며, 그들은 목소리만으로 하나님께 찬양을 드리는 것이 신앙적 순수함을 유지하는 중요한 방식이라고 믿는다.

아카펠라 전통은 오늘날에도 그리스도의교회(Churches of Christ)와 같은 특정 교회들에서 이어지고 있다. 이들은 신약성경에서 명시적으로 악기 사용이 언급되지 않았음을 근거로 예배에서 오직 목소리로만 찬양을 드린다. 그리스도의교회는 성도들이 마음과 뜻을 다해 순수하게 하나님께 찬양드리는 것을 중요하게 여긴다. 그들은 악기가 없기에 더 온전히 하나님께 집중할 수 있으며, 공동체 전체가 동일한 고백을 목소리로 드리는 것이 진정한 신약적 예배라고 여긴다.

(c) 아카펠라 찬송의 신학적 의미와 현대적 적용

아카펠라 찬송은 순수함과 경건을 상징하는 신앙적 전통으로 자리 잡았으며, 악기가 없는 찬송을 통해 성도들은 오로지 하나님의 영광을 찬양하고 경배하는 마음을 표현할 수 있다. 또한, 아카펠라 찬송은 찬송의 본질적 요소인 목소리를 통해 하나님께 드리는 헌신과 감사의 마음을 더욱 직접적으로 나타낸다. 이러한 신앙적 전통은 시대가 변해도 여전히 예배자들에게 깊은 의미를 전하며, 현대에도 많은 교회와 신앙 공동체에서 아카펠라 찬송을 통해 하나님께 찬양을 드리는 방식으로 남아 있다.

〈요점〉
아카펠라는 라틴어로 '작은 예배당'을 의미하며, 기악 없이 목소리로만 하나님께 찬양을 드리는 전통이다. 구약에서는 악기를 사용한 찬양이 명시되었으나, 신약에서는 구체적인 지침이 없어 초기 교회에서 약 1,000년 동안 아카펠라 찬양이 전통으로 자리 잡았다. 이 전통은 로마 가톨릭과 동방 정교회를 비롯한 다양한 기독교 교파에 이어져 왔으며, 오늘날에도 그리스도의교회와 같은 교회들이 이를 유지하고 있다. 아카펠라 찬송은 신앙의 순수성과 경건을 상징하며, 예배자들이 목소리로 하나님께 경배를 드리는 중요한 예배 형식으로 남아 있다.

(5) 찬송의 종합적 의미

첫째, 찬송은 하나님의 사건을 경험한 백성의 고백적 반응이다. 히브리어와 헬라어에서 드러나는 찬송의 어원을 통해 보면, 찬송은 단순한 감정의 표현이 아닌, 하나님께서 역사하신 사건에 대해 그분의 백성이 응답하는 신앙의 고백적 행위임을 알 수 있다. 욥이 고난 중에 하나님을 경험하고 "여호와의 이름이 찬송을 받으실지니이다"라고 고백하듯(욥 1:21), 찬송은 하나님이 역사하신 사건에 대해 그분의 백성이 진심으로 응답하는 고백적 반응이다. 이는 하나님의 계시 앞에 드러나는 백성의 고백으로, 그분의 위대하심과 인도하심을 인정하고 순복하는 예배의 일환이다.

둘째, 찬송은 하나님을 드러내어 밝히는 선포적 행위이다. 찬송을 뜻하는 히브리어 '할랄'은 '명백해지다', '빛나다'라는 뜻을 지니며, 하나님을 영광스럽게 드러내는 것을 강조한다. 찬송자는 이러한 선포적 행위를 통해 보이지 않는 하나님을 세상 가운데 밝히 드러낸다. 찬송은 하나님의 영광을 선포하며, 이로써 하나님이 우리와 함께하심을 증언하는 강력한 신앙 고백의 행위가 된다.

셋째, 찬송은 복음을 실체화하는 행위이다. 신약성경에서 찬송은 단순한 노래가 아니라, 예수 그리스도와 복음의 이야기를 실체화하는 고백적 의미를 담고 있다. 예수님께서 이 땅에 오셔서 십자가의 죽음을 겪으시고 부활하신 사건은 찬송을 통해 다시금 드러나며, 그 이야기를 통해 성도들은 복음을 고백하고 하나님께 영광을 돌린다. 이러한 의미에서 찬송은 복음의 실체를 드러내며, 믿는 자들이 이를 통해 복음에 동참하고 그 기쁨을 나누게 한다.

이처럼 찬송은 하나님의 사건과 계시에 대한 백성의 고백적 반응이자, 하나님을 선포하고 복음을 실체화하는 행위로, 그분의 위대하심과 사랑을 세상에 드러내는 중요한 예배 행위라 할 수 있다.

〈요점〉

첫째, 찬송은 하나님의 사건을 경험한 백성의 고백적 반응이다.

둘째, 찬송은 하나님을 드러내는 선포적 행위이다.

셋째, 찬송은 복음을 실체화하는 행위이다.

각 챕터의 요점은 다음과 같다.

예배와 찬송은 하나님께 영광을 돌리는 중요한 행위로, 예배는 하나님의 계시에 대한 응답이고, 찬송은 이를 표현하는 중심적 방법이다.

(1) 예배의 정의와 본질
예배는 하나님의 계시와 이에 대한 인간의 반응으로 구성되며, 인간이 하나님께 드리는 헌신적 경배이다.

(2) 찬송의 정의와 역할
찬송은 예배의 중요한 요소로서 하나님을 경배하고 영광을 돌리는 행위이며, 공동체가 함께 신앙을 고백하는 수단이다.

(3) 예배와 찬송의 상관성
예배와 찬송은 긴밀히 연결되어 있으며, 찬송은 예배 중에 하나님께 드리는 감사와 경외의 구체적 표현으로 작용한다.

(4) 아카펠라 찬송의 어원과 정의
아카펠라는 '작은 예배당'을 의미하는 라틴어에서 유래했으며, 악기 없이 목소리로만 하나님을 찬양하는 방식이다.

(5) 찬송의 종합적 의미
찬송은 하나님의 사건에 대한 신앙적 고백, 하나님을 드러내는 선포적 행위, 그리고 복음을 실체화하는 행위로서 예배의 본질적 요소를 포함한다.

① 예배는 하나님께서 먼저 행하신 계시에 대해 인간이 응답하
   는 구조로 이루어져 있다.   (Yes/No)

② 찬송은 예배의 구성 요소 중 하나로서, 하나님께 감사와 영광
   을 돌리기 위한 행위이다.   (Yes/No)

③ 아카펠라 찬송은 기악 없이 목소리로만 찬양하는 방식이다.   (Yes/No)

④ 신약성경에서는 찬송에 있어서 악기 사용에 대한 구체적인
   지침이 명시되어 있다.   (Yes/No)

⑤ 찬송은 단순한 노래가 아니라 복음을 실체화하는 행위로도 볼 수 있다. (Yes/No)

⑥ 예배의 본질은 무엇을 포함하는가?
   a) 하나님께서 계시하신 것에 대한 인간의 응답
   b) 교회의 전통과 형식

⑦ 찬송의 가장 중요한 역할은 무엇인가?
   a) 성도의 신앙 고백을 표현하는 것
   b) 예배자 간의 교제를 도모하는 것

⑧ 아카펠라 찬송의 어원은 무엇을 의미하는가?
   a) 교회 식으로 찬양하다
   b) 종교적 경배를 행하다

⑨ 브루너는 예배를 (   )와 (   )로 정의하였다.

⑩ 찬송의 종합적 의미 중 세 번째 개념에서, 찬송은 (   )을 실체화하는 행위로 볼
   수 있다.

* 모범 답안 238페이지 참조

2. 구약 시대의 찬송

예배와 찬송은 매우 밀접한 관계가 있다. 그 이유는 찬송이 예배자의 신앙과 헌신을 표현하는 중요한 수단이자 예배의 본질적인 일부를 이루기 때문이다. 예배 중 불리는 찬송은 하나님께 드리는 경배와 감사의 표현이자, 예배의 분위기와 공동체적 유대감을 형성하는 역할을 한다. 따라서 구약 시대의 찬송을 이해하기 위해서는 먼저 구약 시대 예배의 특징을 살펴보는 것이 필요하다. 이에 따라 이 섹션에서는 구약 시대의 예배에 대해 먼저 다루고자 한다.

(1) 구약 시대 예배

(a) 구약 시대 예배의 네 가지 구분

ⓐ 족장 시대의 예배(Patriarchal Worship)

이 시기는 가정 중심의 예배가 이루어진 시기이다. 아브라함, 이삭, 야곱과 같은 족장들이 가족을 대표하여 예배를 드리며, 제단을 쌓고 하나님께 번제를 드렸다. 특별한 성소가 존재하지 않았으며, 하나님께서 직접 나타나신 장소에서 예배를 드렸다.

ⓑ 출애굽과 성막 시대의 예배(Exodus and Tabernacle Worship)

이스라엘 백성이 출애굽한 후 시내산에서 율법을 받았고, 하나님의 지시에 따라 성막을 세웠다. 성막은 이동식 예배 장소로, 하나님께서 이스라엘과 함께 거하신다는 상징적 의미를 지녔다. 이 시기에 제사장 제도가 마련되었으며, 레위기에 기록된 구체적인 제사와 예배 규례에 따라 예배가 드려졌다.

ⓒ 성전 시대의 예배(Temple Worship)

솔로몬이 예루살렘에 성전을 건축하면서 예배는 성전을 중심으로 이루어졌다. 예루살렘 성전은 이스라엘 예배의 중심이자 국가적 예배 장소가 되었으며, 제사장과 레위인들이 주관하여 제사를 드렸다. 성전 예배의 주요 행사로 속죄일, 유월절과 같은 절기들이 성전에서 거행되었다.

ⓓ 포로기 및 회당 예배의 시작(Exilic and Synagogue Worship)

바벨론 포로기 동안 성전이 파괴되어 예배 장소가 사라지자, 이스라엘 백성은 회당을 중심으로 예배와 율법 교육을 진행했다. 이 시기에 회당은 중요한 예배와 교제의 장소로 자리 잡았으며, 성전이 재건된 후에도 지역 사회 예배의 중심 역할을 하였다.

(b) 구약 시대 예배의 두 가지 구분: 성막 시대와 성전 시대의 구분

본서는 찬송 개론서로서 학문의 전반적인 틀과 주요 개념을 쉽게 이해할 수 있도록 체계적으로 정리하는 데 목적을 두고 있다. 이에 따라 구약 예배의 다양한 특징을 성막 시대와 성전 시대로 나누어 설명하고자 한다. 성막과 성전이라는 두 중심 예배 장소를 기준으로 구분하면, 각 시대의 상징적 의미와 예배 방식의 변화를 명확히 이해할 수 있다. 성막 시대는 이동 중 하나님과의 동행을 상징하고, 성전 시대는 고정된 예배 중심지에서 국가적, 공동체적 예배가 이루어진 특징을 드러낸다. 이러한 구분은 찬송과 예배가 밀접하게 연결된 구약의 신앙생활을 체계적으로 파악하도록 돕는 목적을 가진다.

ⓐ 성막 시대(Tabernacle Period)

출애굽 이후부터 솔로몬 성전이 세워지기 전까지를 의미하며, 이동식 예배 장소인 성막에서 예배가 이루어졌다. 이 시기에 이스라엘 백성은 광야에서 이동할 때마다 성막을 세우고 하나님께 예배드렸으며, 성막은 하나님께서 이스라엘과 함께 거하신다는 상징을 지녔다. 제사장 제도와 제사의 구체적인 규례가 율법에 따라 시행되었다.

ⓑ 성전 시대(Temple Period)

솔로몬이 예루살렘에 성전을 건축한 이후부터 성전이 파괴될 때까지의 시기이다. 예배의 중심은 예루살렘 성전으로 옮겨졌고, 성전은 이스라엘 예배의 중심이자 국가적 예배의 중심지로 기능하였다. 성전에서 성대한 제사와 여러 절기, 속죄일 등의 행사가 거행되었으며, 포로기 이후에는 회당 예배가 추가되었으나 예루살렘 성전이 여전히 중심 예배 장소로 여겨졌다. 이와 같이 구약 예배는 성막 시대와 성전 시대로 구분하여 그 특징을 이해할 수 있다.

이와 같은 구분을 통해 성막과 성전 중심의 예배가 각각 구약 시대에서 차지하는 위치와 중요성을 알 수 있다. 성막 시대는 이동 중에도 하나님과 함께하는 예배의 상징이었고, 성전 시대는 국가적 중심 예배로 자리잡았다. 구약 성경에서 이러한 예배와 함께 찬송의 역할도 중요한 의미를 가지며, 다양한 찬송 형태가 나타난다. 이들은 하나님께 드리는 경배와 감사의 표현일 뿐 아니라, 역사적 사건에 대한 기록으로 신앙의 고백을 담고 있다.

구약 성경에는 시편 외에도 다양한 시 형태의 찬송이 등장하며, 이러한 찬송들은 하나님께 드리는 경배와 감사의 표현이자 역사적 사건에 대한 신앙 고백을 담고 있다. 예를 들어, "야곱의 언약"(창세기 49장), "미리암의 노래"(출애굽기 15장 21절), "바다의 노래"(출애굽기 15장 1~18절), "궤의 노래"(민수기 10장 35~36절), "발람의 신탁"(민수기 23~24장), "모세의 노래"(신명기 32장), "드보라의 노래"(사사기 5장), "한나의 노래"(사무엘상 2장 1~10절) 등은 각 시대와 사건을 배경으로 한 찬송들이다. 이어서 구약 시대의 대표적인 찬송인 시편을 살펴보고, 다윗의 장막에서 중심적으로 드려진 찬송의 의미를 설명하고자 한다. 또한, 포로기 이후 회당 예배에서 나타난 '악기 배제 현상'의 배경과 그 원인도 다룰 것이다.

〈요점〉
(a) 구약 시대 예배의 네 가지 구분
　ⓐ 족장 시대의 예배
　ⓑ 출애굽과 성막 시대의 예배
　ⓒ 성전 시대의 예배

ⓓ 포로기 및 회당 예배의 시작

(b) 구약 시대 예배의 두 가지 구분

ⓐ 성막 시대

ⓑ 성전 시대

(2) 시편 찬송

(a) 시편 연구의 역사와 예배적 역할

역사비평이 등장하면서 시편 연구는 중요한 변화를 겪게 되었다. 대표적인 역사비평 학자들인 브릭스(C. A. Briggs), 에발트(Heinrich Ewald), 벨하우젠(J. Wellhausen)은 시편을 텍스트로서의 의미를 넘어, 그 역사적 맥락에서 연구하였다. 이러한 연구 경향을 이어받아 궁켈(H. Gunkel)은 시편 연구에서 중요한 위치를 차지하게 되었다. 그는 시편의 문체 분석보다는 시편들이 발생한 역사적 상황과 삶의 자리를 밝히는 데 중점을 두며, 양식 비평을 도입하였다. 궁켈의 제자인 모빙켈(S. Mowinckel)은 시편을 장르별로 분류하고 이를 이스라엘의 제의적 삶과 연결하여 해석하는 방법론을 발전시켰다.

이 외에도 라드(G. von Rad), 베스터만(Claus Westermann), 크라우스(H. J. Kraus) 등 많은 학자들이 시편 연구에 기여하였다. 특히, 베스터만은 시편을 찬양과 탄원으로 구분하며 시편의 주제를 체계화하려고 하였다. 이후 시편과 교회 예배의 연관성을 강조한 연구 경향이 나타났으며,

밀러, 차일러, 브루그만이 이 분야의 대표적 학자로 꼽힌다. 브루그만은 시편의 구조에 주목하였고, 밀러는 시편 15~24편의 주제를 심층적으로 연구하였다. 시편은 구약과 신약 예배의 가교 역할을 하며, 시인의 개인적 고백을 통해 이스라엘 공동체의 신앙적 공감대를 형성한다. 이러한 점에서 시편은 개인 경건보다는 공동체 예배에서 더욱 중요한 의미를 지닌다.

(b) 시편의 구성과 용어

'Psalm'이라는 영어 용어는 헬라어 프살로에서 유래하며, 시편은 총 150편의 시로 구성되어 있다. 궁켈은 시편을 여러 장르로 구분하였는데, 주요 분류로는 찬양시, 공동체 탄원시, 개인 탄원시, 개인 감사시, 제왕시가 있다. 시편에 쓰이는 히브리어 용어 '미즈모르(מזמור)'는 '음악을 연주하다', '찬양하다', '노래하다'를 뜻하는 자마르(זמר)에서 유래한 말이다.

시편은 크게 다섯 권으로 구성되며, 각 권은 고유의 주제를 가지고 있다. 1권(1~41편)은 하나님에 대한 찬양을, 2권(42~72편)은 고라 자손의 시를, 3권(73~89편)은 앗수르의 침공을, 4권(90~106편)은 포로기와 관련된 내용을, 5권(107~150편)은 성전 파괴와 포로기를 다루고 있다. 전체 150편 중 116편은 표제가 있으며, 나머지 34편은 표제가 없는 시들로 구성되어 있다.

(c) 시편의 예배적 역할

이스라엘의 공예배에서 시편은 중요한 역할을 한다. 성전 순례자의 노래(120~134편), 성전 입구에서 부르는 행진의 노래(예: 시편 24, 48편), 신년 축제 시편(81편), 추수절 시편(67, 65편) 등 다양한 상황에서 시편이 사용되었다. 또한 자연을 찬양하는 시(148, 8편), 승리의 찬송(99, 149편), 신앙 고백적 찬송(46편) 등도 성전 예배에서 중요한 찬양으로 자리 잡았다.

이처럼 시편은 이스라엘 공동체 예배에서 신앙을 고백하고 찬양을 통해 하나님께 영광을 돌리는 중요한 예배적 요소로 작용하였다.

(d) 시편을 통한 찬송의 세 가지 특성

시편을 개관하면서 찬송이 지닌 세 가지 특성을 다음과 같이 정리할 수 있다: 삶의 정황적 찬송, 공동체적 찬송, 소통적 찬송이다.

ⓐ 삶의 정황적 찬송

삶의 정황적 찬송이란, 시편이 시인의 삶의 상황과 경험을 드러내는 특성을 말한다. 브루그만(Walter Brueggemann)은 시편의 여러 표현 속에서 이해하기 어려운 위협적 발언들이 등장하는데, 이는 시편 저자들이 "생사의 문제" 속에서 경험한 삶의 정황에서 비롯된 것이라고 설명한다. 이처럼 시편의 본문은 시편 저자의 삶의 경험을 반영하며, 찬송 역시 찬송자의 삶 속에서 경험한 고난과 구원, 생사화복을 간증하는 역할을 한다. 예를 들어, 찬송가 "나 같은 죄인 살리신"은 찬송자가 하나님의 용서로 삶이 변화된 경험을 담고 있으며, 이를 통해 청중에게 하나님의 구원과 소망을 노래하게 한다. 이와 같이 찬송은 가사와 선율을 통해 찬송자의 삶의 정황을 보여주는 역할을 한다.

ⓑ 공동체적 찬송

공동체적 찬송은 개인이 창작한 찬송이 공동체의 찬송으로 확장되는 특성을 의미한다. 시편에서 개인의 고백이 공동체에 의해 함께 불리는 찬송시로 사용된 것처럼, 개인적 고백이 담긴 찬송은 회중에 의해 불리면서 공동체의 고백으로 확장된다. 이는 개인이 경험한 신앙적 고백이 공동체적 의미를 가지도록 하며, 예배에서 중요한 역할을 한다. 개인이 창작한 찬송이 공동체의 고백이 될 때, 회중은 함께 그 의미를 재해석하고 재창조하며, 예배 속에서 깊은 신앙적 연대를 형성하게 된다.

ⓒ 소통적 찬송

소통적 찬송은 시간과 공간을 초월하여 찬송이 소통되는 특성을 말한다. 시편은 고대 이스라엘의 사회에서 시작되었으나, 그 내용과 의미는 시간이 흘러도 여전히 유효하여 현대의 신앙 공동체에서도 사용된다. 이처럼 찬송은 우리에게 익숙지 않은 성경적 사건과 인물의 경험을 간접적으로 체험하게 해주며, 성도들이 서로 다른 시간과 공간 속에서도 신앙과 음악을 통해 소통할 수 있게 돕는다. 이를 통해 찬송은 개인적 경험을 넘어 지역과 문화를 초월한 공동체적 경험을 가능하게 하며, 찬송자와 회중 간의 신앙적 유대감을 강화시킨다.

이와 같이, 찬송은 개인의 신앙을 공동체 안에서 나누고 세대와 지역을 초월해 소통하는 중요한 역할을 하며, 이를 통해 신앙 공동체는 시대를 넘어 하나님의 은혜를 함께 고백하고 경험하게 된다.

〈요점〉

① 역사비평의 등장으로 시편 연구는 역사적 맥락에 중점을 두게 되었고, 궁켈과 모빙켈은 이를 바탕으로 시편을 연구하였다.

② 시편은 다섯 권으로 구성되며, 찬양시, 공동체 탄원시 등으로 분류되고 각 권은 고유의 주제를 반영한다.

③ 시편은 이스라엘 공예배에서 중요한 예배적 역할을 하며, 다양한 예식과 축제에서 공동체적으로 사용되었다.

④ 찬송은 시편처럼 개인의 삶과 신앙을 드러내며, 공동체와 함께 노래하고 시간과 공간을 초월하여 신앙을 소통하게 하는 중요한 예배적 역할을 한다.

(3) 신약 예배에 영향을 미친 구약 예배 요소: 다윗의 장막에서의 찬송

구약의 예배 전통에서 신약 예배에 큰 영향을 미친 네 가지 요소는 시내산 사건, 성전, 회당, 그리고 절기이다. 이 중에서도 다윗과 솔로몬 시대를 통해 확립된 성전 예배는 찬송의 발전에 중대한 기여를 하였다. 다윗 이전에는 정기적인 찬송에 대한 기록이 없었으나, 다윗이 찬송의 기초를 마련하여 이 예배 형태를 공식화하였다. 솔로몬 성전이 완공되기 전, 다윗은 임시 장막을 세우고 언약궤를 안치하여 예배와 찬송이 이루어지는 장소로 삼았다(대상 15:1~16:1). 이 장막에서 제사장과 레위인들이 예배를 인도하며 회중은 제물을 드리고 마당에 모여 하나님께 경배하였다.

다윗은 노래에 능한 레위인 4천 명을 찬송 사역자로 구별하고, 아삽,

헤만, 여두둔 가문에서 288명의 찬송 사역자를 선출하였다(대상 23:5; 25:7). 이들은 회막 앞에서 주야로 찬송하며 비파, 수금, 제금을 연주하여 예배를 인도하였다(대상 6:32; 9:33; 15:16; 15:25~28; 16:4). 특히 번제 시에는 악기를 동반한 찬송을 불렀다. 루이스(Jack P. Lewis)는 구약 예배에서 악기 사용이 신적 권위에 의해 허락된 점과 예배 자체로 기능했던 점을 구약 찬송의 특징으로 꼽았다. 그는 악기 사용이 하나님의 뜻으로 여겨졌다고 설명하며, 구약이 이를 허용했음을 강조하였다.

다윗 시대의 찬송은 당대 최고의 음악으로 평가받았다. 그러나 아모스 선지자는 찬송과 악기 연주가 예배의 본질인 정의와 공의를 담지 못할 경우, 하나님의 심판을 불러올 수 있음을 경고하였다. "네 노랫소리를 내 앞에서 그칠지어다 네 비파 소리도 내가 듣지 아니하리라. 오직 정의를 물 같이, 공의를 마르지 않는 강 같이 흐르게 할지어다"(암 5:23~24)라고 강조하며, 정의와 공의가 예배의 핵심임을 역설하였다.

루이스에 따르면, 주후 70년 성전이 파괴되면서 기악 또한 예배에서 사라졌으며, 이는 이스라엘 역사에서 번영의 상징으로 여겨지던 성전과 함께 영원히 침묵하게 된 것이다.

〈요점〉
구약의 성전 예배는 다윗과 솔로몬에 의해 찬송과 악기의 중요성이 확립되었다. 그러나 찬송이 예배의 본질인 정의와 공의를 담아내지 못할 때, 하나님의 경고와 심판을 받게 되었다.

(4) 초기교회 예배의 전환점: 성전에서 회당으로의 찬송 변화

성전 예배는 회중이 아닌 제사장과 레위인 중심으로 진행되었다. 시편 84편 2절과 10절에서 언급하는 '궁정'은 성전이 아닌 뜰(시편 135:2)을 의미한다. 성경에 나타난 점진적 계시는 성전의 기능적 한계에 대한 이해를 제공한다. 성전은 당시 시대적 인식 속에서 그 의미가 부여되었으나, 신약 성경은 성전의 기능이 건물에서 살아 있는 회중으로 옮겨졌음을 증언한다(고린도전서 3:16). 직임에 대해서도 제사장과 레위인의 독점적 역할이 교회가 된 회중으로 이전되었다(베드로전서 2:9). 이러한 배경에서 제1성전인 솔로몬 성전은 기원전 586년 바벨론에 의해 파괴되었으며, 이후 보수된 제2성전인 헤롯 성전까지 이스라엘 신앙의 중심이 되었다.

'회당'은 헬라어 쉬나고게($\sigma\nu\nu\alpha\gamma\omega\gamma\dot{\eta}$)로, 마태복음 4장 23절, 마가복음 1장 39절, 누가복음 4장 15절에서 유대인의 집회소를 의미하며, 야고보서 2장 22절에서는 그리스도인의 모임 장소로 나타난다. 따라서 회당은 집회 모임 또는 집회 장소를 의미한다. 그러나 초기교회는 회당을 의미하는 쉬나고게 대신 에클레시아($\dot{\epsilon}\kappa\kappa\lambda\eta\sigma\dot{\iota}\alpha$)라는 용어를 사용하였는데, 김이곤 박사는 이를 유대교와 구별하려는 의도로 설명한다. 이러한 구별 의식은 유대교에 대한 반감이 커질수록 강해졌으며, 이후 초기교회의 악기 배제 현상에 영향을 미쳤다.

성경은 회당의 기원에 대해 명확히 언급하지 않지만, 학자들은 대체로 그 기원을 바벨론 포로기설과 헬레니즘 유입설로 나눈다. 김이곤 박사는 바벨론 포로기설을 지지하며 다음과 같은 점을 지적한다.

회당 예배의 기원이란, 포로기와 더불어 유대인들이 겪게 되었던 성전 예배의 상실과 깊은 고난의 체험이 만들어 낸 바, 이교 예배의 성격과는 전혀 다른 새로운 예배의 창출에 대한 포로민의 희망에서부터 찾을 수 있을 것이다. 즉 포로의 경험과 더불어 이스라엘인들은 과거 율법에 충실하지 못한 과오를 통하여 신학적 자기반성을 하게 되고, 이러한 신학적 자기반성은 함께 모여 율법을 읽고 배우는 정례적인 종교제도를 서둘러 구상하게 하였을 것이고, 이 전통은 또한 포로기를 끝내고 귀환하여 새로운 성전을 세운 이후까지도 계속해야 할 필요성을 느끼도록 하였을 것으로 보인다. 왜냐하면 회당 예배는 희생제사가 중심인 성전 예배와는 달리 성서를 가르치고 기도를 드리는 일이 중심인 새로운 성격의 예배 전통에 속한 것이었기 때문이다. 포로기는 분명 이스라엘 신앙과 예배 전통의 대전환점이었음이 분명하다.

이러한 의미에서 회당은 예배의 전환점이 되어 성전과 초기교회 사이에서 가교 역할을 하였다. 이 시기 회당 모임은 성전과 사제의 역할 중지라는 상징적 전환점이 되었다. 그곳에서는 사제가 아닌 회중이 성서를 궤에서 꺼내 회당 중앙에 있는 독경대에 펼쳐 읽고 해석할 수 있었다. 이는 사제 중심의 종교적 틀이 회중으로 이동했음을 의미한다. 또 성전 예배와 달리 여성이 공중 예배에 남성들과 함께 참석할 수 있었다(사도행전 16:12).

지금까지 성전 예배에서 초기교회 예배로의 전환점이 된 회당 예배의 역할을 살펴보았다. 회당 찬송은 성전의 기악 찬송과 달리 육성 찬송 형태를 띠었으며, 이는 초기교회 찬송에 두 가지 중요한 영향을 주었다. 첫째, 회당 찬송의 기악 배제는 초기교회가 유대교와 이방 종교들과 구별되도록 도왔다. 퍼거슨은 초기교회 출현 당시 이방 종교와 유대교의 예배에서 악기를 통해 종교적 효과를 얻었다고 설명하였으나, 회당 찬송은 악기를 배제함으로써 이들과의 차별성을 강조하였다. 둘째, 회당은 초기교회에 회중 중심 찬송의 개념을 제공하였다. 성전의 깊숙한 곳은 사제들의 것이었지만, 회당 찬송은 회중성과 보편성을 지향하여 초기교회 회중 찬송의 기틀이 되었다. 비교적 짧은 기간 활용된 회당 찬송은 이후 초대교회의 회중 찬송의 토대가 되었다는 점에서 큰 의미가 있다.

〈요점〉

구약의 성전 예배와 회당 예배는 초기교회의 육성 찬송과 회중 중심 예배에 큰 영향을 미쳤으며, 특히 회당 예배는 성경과 기도를 중심으로 하는 회중 참여 예배의 기틀을 제공하였다.

각 챕터의 요점은 다음과 같다.

　　　　　　　　　　　　　　아카펠라로 교회음악을 노래하다

(1) 구약 시대 예배

구약 시대의 예배는 성막과 성전에서 제사장과 레위인에 의해 이루어졌으며, 회중은 주로 성전 뜰에 모여 제사를 드리며 하나님께 경배하였다.

(2) 시편 찬송

시편은 이스라엘 예배에서 중요한 역할을 했으며, 시인의 개인적 고백이 공동체의 신앙적 공감대를 형성하는 예배 찬송으로 발전하였다.

(3) 신약 예배에 영향을 미친 구약 예배 요소: 다윗의 장막에서의 찬송

다윗의 장막과 솔로몬 성전에서 찬송과 악기의 사용이 공식화되었으며, 이는 신약 교회의 찬송에 영향을 미쳤다.

(4) 초기교회 예배의 전환점: 성전에서 회당으로의 찬송 변화

성전 예배는 제사장과 레위인 중심으로 진행되었으나, 회당은 회중이 중심이 되는 예배 형태를 제공하며 초기교회 예배의 전환점이 되었다. 회당 찬송은 악기 없이 육성 찬송을 강조하여 유대교와 이방 종교와 구별되는 초기교회의 회중 중심 찬송의 기틀을 마련하였다.

문 제

① 구약 시대 예배는 주로 성전 뜰에서 회중이 제물을 드리며 이루어졌다.   (Yes/No)

② 시편은 개인의 신앙 고백만을 위한 찬송이었다.   (Yes/No)

③ 다윗은 찬송을 위해 능력 있는 레위인을 구별하여 찬송 사역
   사보 임명했다.   (Yes/No)

④ 신약 교회의 찬송은 당시 여러 이방신앙의 찬송 전통에 영향을 받았다.   (Yes/No)

⑤ 구약 시대의 예배는 성막 형태만으로 이루어졌다.   (Yes/No)

⑥ 구약 시대 예배에서 제사장과 레위인의 역할은 무엇이었나?
   a) 성전 뜰에서 제물만 드렸다.
   b) 성전 예배를 주관하고 회중을 인도하였다.

⑦ 시편에서 개인의 고백이 공동체의 고백으로 확장된 이유는?
   a) 시편이 회중 찬송으로 불리면서 공동체적 의미를 가지게 되어서
   b) 시편이 개인 경건 생활만을 위한 것이어서

⑧ 다윗의 장막에서 찬송은 어떤 방식으로 이루어졌는가?
   a) 주야로 악기를 연주하며 찬송하였다.
   b) 제사장의 목소리로만 찬송하였다.

⑨ 구약 예배에서 찬송은 주로 (   )과 성전에서 이루어졌으며, 제사장과 레위인
   이 주관하였다.

⑩ 다윗은 4천 명의 레위인을 찬송 사역자로 구별하고 (   ), 헤만, 여두둔 가문에
   서 288명을 선출하였다.

* 모범 답안 238페이지 참조

아카펠라로 교회음악을 노래하다

3. 초기교회의 찬송

회당과 다락방 찬송은 초기교회 찬송에 큰 영향을 미쳤다. 초기교회는 헬레니즘 종교, 유대교, 그리고 이단에 대한 저항이 커지는 상황 속에서 형성되었다. 이러한 배경에서 악기 배제 현상과 아카펠라 찬송 형태가 나타난 원인을 살펴본다.

(1) 회당과 다락방

⒜ 초기교회 예배와 찬송의 형성 배경

침묵의 시기를 지나, 그리스도의 사역을 통해 교회의 시대가 열리면서 신약 성경은 역사적, 문화적, 종교적 상황 속에서 형성되었다. 초기교회 예배는 주로 회당과 가정에서 이루어졌으며, 회당 예배는 말씀을 중심으로 한 예배를, 가정 모임에서는 주의 만찬을 중심으로 한 예배를 드렸다. 이 두 전통은 각각 "말씀의 예전"과 "다락방 예전"의 기원으로 볼 수 있다.

바벨론 포로 시기 이후 발전한 회당 예배는 성전 예배와 달리 악기를 배제하고, 율법서 낭독(누가복음 4:16)과 성경 해석(누가복음 4:21), 시편 찬송을 회중이 함께 노래하는 형태로 진행되었다. 회당에서는 시편이 주로 회중 찬송 또는 교창(Antiphonal) 형태로 불렸으며, 이 전통은 초기교회에서도 이어져 초기 찬송으로 사용되었다. 이후 교회의 상황에 맞추어 새로운 시편들이 작곡되며 예배 찬송이 발전하였다.

　초기 예배 음악은 히브리 문화, 헬라 문화, 이후 라틴 문화의 영향을 받으며 발전하였으나, 초기교회는 이교도들과의 차별성을 중요시하였다. 유대교의 성전 예배와 헬레니즘 종교의 제의에서는 악기가 사용되었으나, 초기교회는 악기를 배제하고 육성 찬송을 사용하였다. 헬레니즘 의식에서 악기는 주로 제물의 울음소리를 덮기 위한 목적으로 사용되었고, 깊은 마법석 의미로 이해되었다. 이에 반해, 초기교회는 세속적 영향을 배제하고 신앙의 정결성을 지키고자 육성 찬송을 중심으로 예배 형식을 갖추었다.

(b) 회당과 다락방 예배의 확산

[그림 1]

아카펠라로 교회음악을 노래하다

초기교회 예배는 점차 회당 모임에서 다락방 모임으로 이동하게 되었다. [그림 1]은 시리아에서 발견된 가장 오래된 가정 교회인 두라 유로포스(Dura Europos) 교회를 나타낸다. 이 건물은 가로 5m, 세로 13m 크기로 약 60명 정도가 모일 수 있는 크기로, 작은 침례탕이 포함된 모습으로 발견되었다. 이러한 가정 교회에서 이루어진 예배는 사도행전 2장 43~47절에 기록된 것처럼 초기교회가 가정에서 모여 예배하였음을 보여준다.

회당 예배와 다락방 모임은 초기교회 예배와 찬송의 중요한 배경이 되었다. 특히 다락방 예배는 매주 첫날에 드리는 주의 만찬을 중심으로 하였으며, 주님의 죽음과 부활을 기념하며 영적으로 체험하는 시간이 되었다(고린도전서 11:26). 이러한 예배 방식은 초기교회의 예배 찬송이 회당과 다락방 예배의 전통을 바탕으로 형성되었음을 보여준다.

회당과 다락방 예전(Christian liturgy) 모델

1부: 회당 예배를 계승하여 발전하게 된 순서
① 성경 낭독(Scripture Lections: 딤전 4:13, 살전 5:27, 골 4:16)
② 시편과 찬송(고전 14:26, 엡 5:19, 골 3:16)
③ 기도(행 2:42, 딤 2:1~2)와 회중의 아멘(고전 14:16)
④ 설교 또는 강론(고전 15:1~4, 행 20:7)
⑤ 신앙 고백(고전 15:1~4, 딤전 6:12)
⑥ 헌금(고전 14:1~2, 고후 9:10~13, 롬 15:26)

2부: 주님의 만찬
(고전 10:16; 11:23, 마 26:26~28, 막 14:22~24, 눅 22:19~20)
① 봉헌 기도
② 감사(눅 22:19, 고전 11:23; 14; 16, 딤전 2:1)

---

③ 주님의 죽으심과 부활을 회상(행 2:42, 눅 22:19, 고전 11:23; 25:26)

④ 중보기도(요 17장)

⑤ 주님이 가르쳐주신 기도[2](마 6:9~13, 눅 11:2~4)

⑥ 찬송

⑦ 평화의 입맞춤(롬 16:16, 고전 16:20, 살전 5:26, 벧전 5:14)

(c) 초기교회의 찬송: 시와 찬미, 그리고 신령한 노래

초기교회의 찬송은 에베소서 5장 19절에 언급된 바와 같이 '시와 찬미와 신령한 노래'로 구성되었다. '시'는 주로 시편을 의미하며, 교회 예배에서 시편이 중요한 역할을 했음을 보여준다. '찬미'는 신약 성경에 기록된 여러 찬송을 포함하며, 마리아의 찬가(누가복음 1:46), 빌립보서 2장 5~11절의 그리스도 찬가, 그리고 요한계시록(5:8, 14:2~3, 15:2~3)에 기록된 천국 예배 찬송들이 여기에 해당한다고 판단된다.

'신령한 노래'는 웨이크필드(Gordon S. Wakefield)의 주장에 따라 순간적인 영감으로 즉석에서 만들어진 찬송으로 이해될 수 있다. 이 영감은 신비주의의 무아지경과 달리, 교회의 질서와 조화 속에서 즉흥적으로 표현된 찬송을 의미하며, 이는 고린도전서 14장 40절의 교회의 질서를 강조한 맥락과 일치한다. 현대 음악에서의 즉흥 연주(improvisation)나 스캣(scat)처럼 신령한 노래 또한 일정한 형식과 조성에 따라 자유롭게 표현된 것으로 볼 수 있으며, 시대적 정서를 담아낸 음악적 표현이었다.

---

2) 번역서에는 '주기도문 암송'으로 표기했다. 그러나 여기서는 신앙적 차로 인해 수정 인용하였다.

아카펠라로 교회음악을 노래하다

신령한 노래는 초기교회의 신앙과 감정, 시대적 분위기를 반영한 독특한 형태의 즉흥적 찬송으로, 교회의 예배를 더욱 풍성하게 만드는 역할을 하였다.

〈요점〉

초기교회의 찬송은 시편, 신약의 찬미, 그리고 영감으로 즉흥적으로 만들어진 신령한 노래로 구성되어 교회의 신앙과 정서를 표현하였다.

(2) 초기교회의 시대적 배경과 도전들

역사 신학자 곤자레스(Justo L. Gonzalez)는 초기교회의 시대적 배경에 대해 다음과 같이 설명하고 있다.

> 혼합절충주의(Syncretism)는 당시의 유행이었다.[3] 이러한 환경에
> 서 유일한 하나님만 예배하기를 주장하는 유대인들과 기독교인들
> 은 고집 센 광신자들로 보였을 것이다. 이들은 사회의 안녕을 위해
> 제거되어야 할 암적 존재들이었다.

초기교회가 형성될 무렵, 다양한 종교 형태가 존재하고 있었다. 첫 번째는 이교도 신앙으로, 이는 헬라 문화에 깊이 자리 잡은 종교 형태였다.

---

3) 혼합절충주의는 여러 다른 종교, 철학, 사상 등을 혼합하는 것을 말하며, 서로 대립되는 부분은 절충해 조화시키는 것을 말함.

그리스·로마 신화의 제우스를 비롯한 수많은 신들은 당시 종교 문화를 대표하였다. 제우스는 번개와 천둥을, 포세이돈은 바다를 지배하는 신이었고, 아폴로는 병을 치유하며, 아프로디테는 미를 상징하는 신이었다 (사도행전 19:28).

두 번째는 황제 숭배로, 옥타비아누스 이후 황제는 죽어서 신이 되어 로마 제국의 수호신으로 여겨졌다. 이러한 숭배를 거절한 초기교회 신앙인들은 국가에 반역자로 인식되었다.

세 번째는 신비주의 종교로, 엘레우시스(Eleusis), 미트라(Mithra), 이시스(Isis), 디오니소스(Dionysus), 키벨레(Cyble) 및 지역 숭배 종교들이 대표적이다. 이들은 씻는 예식, 비밀 식사, 술 취함 등으로 인한 황홀경을 특징으로 하며, 대모신 키벨레의 종교 의식에서는 소의 피로 목욕하거나 금식과 통곡, 팔에 상처를 내어 피를 흘리는 행위가 회복과 황홀경으로 이어진다고 여겨졌다. 네 번째는 미신과 혼합주의로, 마술, 점성술, 신탁, 복술 등 점치는 행위를 포함한다. 다섯 번째는 영지주의이다. 이들은 자신들이 사는 세계를 신의 소외된 작품으로 보았다. 영지주의는 인식에 기초하였으며, 우주론적 철학의 신화화를 통해 기독교의 신비성을 설명하려 하였으나 결국 기독교의 본질을 상실하게 되었다. 여섯 번째는 철학이다. 당시 철학은 쾌락을 가장 큰 선으로 여기는 쾌락주의, 운명론에 기반한 스토아 철학, 세속적 욕망을 포기하고 지역을 순회하며 자신의 철학을 전파했던 냉소주의 등 세 가지 철학이 주류였다. 일곱 번째는 유대교이다. 유대교는 유일신을 믿으며, 성전 신앙과 종교력에 기초한 민족적 신앙을 가지고 있었다. 유대교의 분파로는 바리새파, 사두개파, 에세네파, 열심당 등이 있다.

이를 정리하면 다음과 같다.

① 이교도 신앙: 헬라 문화에 뿌리를 둔 신화적 신앙으로, 제우스와 같은 신들이 자연과 인간 생활을 주관하는 존재로 여겨졌다.

② 황제 숭배: 옥타비아누스 이후 황제가 신으로 숭배되면서, 이를 거부한 기독교인은 국가 반역자로 간주되었다.

③ 신비주의 종교: 엘레우시스와 미트라 숭배 등 다양한 신비주의 종교들이 황홀경과 비밀 의식을 특징으로 하였다.

④ 미신과 혼합주의: 마술과 점성술, 신탁이 널리 퍼진 사회적 흐름이었다.

⑤ 영지주의: 이들은 물질세계를 부정하며 인식에 의한 구원을 주장, 기독교의 신비성을 왜곡하였다.

⑥ 철학: 스토아 철학, 냉소주의 등 다양한 철학이 있었으나, 초기 기독교는 세속적 욕망을 거부하는 점에서 차별화되었다.

⑦ 유대교: 민족적 유일신 신앙으로, 초기 기독교와 경계를 형성하였다.

브루스(F. F. Bruce)는 초기교회 이단을 가현설, 영지주의, 말시온주의로 구분한다. 가현설은 물질이 본질적으로 악하다고 여기며 예수님의 인성을 부정한다. 또한 영지주의는 교회 내부에 깊이 자리하여 인식을 통한 구원을 주장하며, 영혼이 육체와 분리될 때 구원이 완성된다고 믿었다. 이들도 예수의 인성을 부정하였다. 말시온주의는 구약을 부인하고 사도 바울을 통한 구원만을 강조하였으며, 그리스도의 육체적 출생을 거부하였다. 따라서 초기교회 이단들의 공통점은 예수님의 인성을 거부함으로써 성육신 사건을 정면으로 부정하는 데 있다.

〈요점〉
초기교회는 혼합주의와 다양한 종교적 영향 속에서 형성되었고, 특히 예수의 인성을 부정하는 이단과의 신학적 갈등을 통해 신앙의 순수성을 지켜야 했다.

(3) 초기교회 예전 형성 배경: 악기 배제 현상

초기교회는 회당과 다락방 예배의 영향을 받아 예전(Liturgy)을 형성하였다. 그러나 이 과정에서 초기 기독교는 외부의 헬라 문화와 이교적 영향을 경계하고, 내부적으로는 영지주의 같은 이단들로부터 교리를 보호해야 했다. 또한 유대교와도 구별되는 신앙 체계를 확립하고자 하였다. 웨버는 초기교회가 유대교의 제사 의식을 예배에 도입하는 것을 거부했다고 주장하며, 그들은 유대교의 제사 의식을 그리스도 안에서 성취된 것으로 해석했다. 히브리서 7장 18절은 유대교 예배와 기독교 예배가 본질적으로 혼합될 수 없음을 강조하고 있다.

초기교회는 이교도와 차별성을 두기 위해 여러 의식에서 구별되었으며, 여자 사제의 부재(신명기 23:18~19), 종교 제의에서의 음란한 행위 금지(열왕기상 14:24), 악기 사용 제한(다니엘서 3:5, 7) 등에서 다른 모습을 보였다. 특히 이러한 악기 배제 현상은 종교개혁 시대 이후에도 지속되었다.

퍼거슨은 초기교회의 예배 음악이 아카펠라 찬송 형태였다고 주장하며, 현대 교회의 공예배에서 아카펠라 찬송을 사용하는 세 가지 근거를 제시한다.

첫째, 신약성경의 증거, 둘째, 교회 역사의 증언, 셋째, 교리적 및 신학적 이유이다. 퍼거슨은 아카펠라 찬송이 단순한 전통적 관습이 아니라 신약성경에 기초한 신학적 근거가 있음을 강조한다. 구약의 예전과 성전은 예수 그리스도 안에서 그림자로서의 역할을 다했고(히브리서 10:1), 성전은 교회라는 '몸 된 성전'의 상징적 예표로 보았다(고린도전서 3:16; 12:27). 구약 성전 예전에서 악기가 사용되었으나, 신약의 예배에서는 성도들의 찬송에 어떠한 도구도 필요하지 않다고 보았다(요한복음 4:24).

이와 같이, 초기교회의 아카펠라 찬송은 단순한 찬송 방식이 아니라, 신앙의 순수성과 독립성을 강조하며 예배의 본질에 깊이 뿌리내린 형태로 자리 잡았다.

〈요점〉

초기교회는 헬라 문화, 이단, 유대교와 구별된 예배 형태를 확립하면서 회당과 다락방의 영향을 받아 예전(Liturgy)을 형성하였고, 아카펠라 찬송을 신학적 기초로 삼아 예배의 본질을 강조하였다.

각 챕터의 요점은 다음과 같다.

(1) 회당과 다락방

초기 교회의 찬송은 회당과 다락방 예배의 전통에 기초하여 형성되었으며, 초기 예배 형태는 신약 교회 예전의 중요한 토대가 되었다.

(2) 초기교회의 시대적 배경과 도전들

초기 교회는 헬라 문화와 이교적 종교, 영지주의 같은 이단에 대해 신앙적 경계를 세우며, 유대교와도 구별된 예배 형태를 확립하였다.

(3) 초기교회 예전 형성 배경: 악기 배제 현상

초기교회는 유대교 예전의 일부를 수용했으나, 악기 사용을 제한하며, 아카펠라 형태의 찬송을 통해 순수한 예배 정신을 강조하였다.

아카펠라로 교회음악을 노래하다

문 제

① 초기교회는 유대교의 모든 예배 형식을 그대로 따랐다.　　　　(Yes/No)

② 초기교회의 예배는 주로 회당과 가정에서 이루어졌다.　　　　(Yes/No)

③ 초기 교회는 헬라 문화의 영향을 적극 수용하였다.　　　　(Yes/No)

④ 초기교회 예전에는 악기 사용이 일반적이었다.　　　　(Yes/No)

⑤ 초기교회는 회당과 다락방 예배의 영향을 받았다.　　　　(Yes/No)

⑥ 초기교회의 찬송이 영향을 받은 것은?

　a) 로마 황제 숭배

　b) 회당과 다락방 예배

⑦ 초기교회가 아카펠라 찬송을 선택한 이유는?

　a) 문화적 동화

　b) 신약성경과 타종교와의 구별을 통한 신앙의 순수성

⑧ 초기교회가 유대교와 구별되기 위해서 행하지 않은 것은?

　a) 회당 예배 전통

　b) 성전 제사 의식

⑨ 초기교회는 예배에서 (　　)의 사용을 배제하였다.

⑩ 초기교회의 예배 전통 형성 배경에는 (　　)과 다락방 예배의 전통이 있었다.

* 모범 답안 238페이지 참조

4. 종교개혁 시대의 찬송

본 섹션에서는 종교개혁자들이 강조했던 찬송에 대해 살펴본다. 먼저 종교개혁의 역사적, 사회적 배경을 이해하고, 이를 바탕으로 루터, 칼뱅, 츠빙글리의 찬송 신학에 대해 논의할 것이다. 아카펠라 찬송은 단선율 찬송과 다성부 찬송 모두를 포함한다. '아카펠라'라는 라틴어는 본래 '교회 식으로'라는 뜻을 담고 있으며, 종교개혁자들이 교회에서 구현하려고 한 찬송 형태와 밀접하게 연결된다. 특히 칼뱅이 추구한 단선율 찬송은 단순한 선율을 통해 공동체가 함께 부를 수 있는 예배 찬송을 목표로 하였다. 따라서 칼뱅의 단선율 찬송은 아카펠라 찬송 신학과도 깊이 연관이 있다. 여기에서 이러한 개혁자들의 신학적 입장과 찬송의 역할을 면밀히 분석하며, 아카펠라 찬송이 교회 예배에서 어떻게 자리 잡았는지를 이해할 것이다.

(1) 종교개혁의 배경과 루터

[이사벨라(Isabella), 1500년 11월 20일]
교회의 타락은 극도에 달하여 성직자들은 자기에게 맡겨진 영혼들에게 오히려 해독을 끼치고 있다. 성직자들의 대부분이 공공연하게 첩을 두고 있으며 만약 교회에서 이를 처벌하고자 한다면 이에 반항하여 오히려 문제를 야기시킨다. 그들은 폭력을 사용해서까지 정

의의 수행을 막고 있다. 교황의 자격이 없는 자들이 교황의 자리를 탈취하고자 했고 십자가의 복음보다 르네상스의 영광에 심취하고 있었다.

종교개혁은 중세 말기의 교회 부패와 르네상스 인문주의 운동의 영향을 배경으로 시작되었다. 이사벨라의 기록은 부패한 교회 지도자들의 상황을 묘사하여 당시 교회의 타락을 생생하게 전달하며, 1517년 10월 31일 마틴 루터(Martin Luther)가 비텐베르크 교회 정문에 95개 조항을 게시함으로써 종교개혁이 본격적으로 전개되었다. 당시 가톨릭교회는 초기 신앙의 본질에서 멀어지며, 종교 행위를 형식화하고 예배의 화려함을 위해 음악 전문가를 고용하기에 이르렀다. 성직 제도는 강력한 권력 체계로 변질되었고, 일부 성직자의 성적 타락과 폭력적인 공권력 남용은 교회와 사회에 대한 신뢰 상실을 초래하였다. 이러한 상황에서 면죄부 판매는 개혁의 불씨가 되었다.

종교개혁이 성공할 수 있었던 요인으로는 첫째, 인쇄술의 발달과 여행의 활발화로 정보와 학문이 널리 확산된 것이었고, 둘째, 당시의 정치적 상황도 한몫하였다. 오즈먼트(Steven Ozment)에 따르면, 16세기 초반 신성 로마 제국의 정치적 경쟁과 왕조 간 갈등은 제국의 정치적 관심을 분산시켰고, 이 틈을 타 종교개혁이 확산될 수 있었다. 슈누아(Eva-Maria Schnurr)는 신학적 논쟁이 황제와 제후들 사이의 갈등을 심화시켰으며, 제후들이 자신들의 이권을 보호하기 위해 루터의 종파를 수용하였다고 설명한다. 루터의 회기 신학은 기사 계급과 농민 계층의 지지를 받아 농민 봉기라는 결과를 낳았으나, 이 봉기는 강력한 진압으로 이어졌고, 오히려 더 많은 세금과 노역 부담을 초래하였다. 그럼에도 종교개혁은 정치, 사회, 문화 전반에 걸쳐 큰 영향을 미쳤다.

종교개혁은 16세기에 다양한 종교 집단을 낳았다. 루터파는 보수적이고 온건한 개혁을 추구하였고, 칼뱅파와 츠빙글리파는 비교적 자유주의적이었다. 재세례파와 영성주의자들은 급진적 개혁을, 복음적 합리주의자들은 자유주의적이며 근대적인 입장을 취하였다. 필립 샤프(Philip Schaff)는 종교개혁이 로마 가톨릭교회의 성사 중심주의(Sacramentalism)와 사제 중심주의(Sacerdotalism)를 거부한 운동으로 평가하였다. 종교개혁은 교회 내부의 개혁 요구를 실현하지 못하고 오히려 교회 자체가 개혁의 대상으로 드러나는 한계에도 불구하고, 로마 가톨릭교회의 변화를 가져오며 성경과 회중 중심의 실천적 개혁 운동의 기반이 되었다.

〈요점〉

종교개혁은 루터가 1517년에 95개 조항을 게시하면서 시작되었으며, 교회의 부패와 형식주의에 반발하여 신앙의 본래적 형태로 회복하려는 움직임이었다. 이는 정치적 상황과 인쇄술의 발전에 힘입어 유럽 전역에 확산되었고, 여러 종교 집단이 형성되면서 사회와 문화에도 심대한 영향을 미쳤다.

(2) 종교개혁 예배와 중세교회 음악

종교개혁은 교회를 '예배 공동체'로 회복하려는 시도였으며, 로마서 12

장 1절에서 말하는 바와 같이, 교회 예배의 근본 개혁을 목표로 하였다. 이를 통해 가톨릭교회의 미사 중심 예배와 성례전을 개혁하고, 말씀 중심의 예배 형태를 확립하였다. 조직신학자 이오갑은 종교개혁 예배의 특성을 다음과 같이 정리한다. 첫째, 종교개혁은 예배를 구원의 조건이 아닌 결과로 간주하였으며, 둘째, 예배가 교회의 유익을 위한 수단이 아니라 성경에 따라 드려져야 함을 강조하였다. 셋째, 말씀 중심의 예배를 형성하고, 넷째, 다양한 형태의 예배 개혁을 발전시키는 중요한 전환점을 제공하였다. 이러한 개혁을 통해 종교개혁은 예배의 근본적인 변화와 발전을 이끌었다.

교회음악 분야에서도 개혁은 중요한 변화를 가져왔다. 7세기에 이르러 로마교회의 찬가 선율은 발전을 거듭하여, 교황 그레고리 1세(590~604)에 의해 평조곡(Plainsong) 선율들로 집대성되었고, 이는 그레고리 성가로 알려져 있다. 당시 세속 음악이 운율적이고 춤과 연관된 특성을 가지고 있던 것에 비해, 중세 교회 예배 음악은 단선율의 운율 없는 음악으로 구성되어 있었다. 중세 이후 종교개혁에 이르기까지 교회음악은 다성 음악의 발전을 이루었으나, 일부 평론가들에 따르면 전문 음악가들이 중심이 된 교회 찬송은 회중을 예배의 구경꾼으로 전락시키는 문제를 야기하였다.

다음은 이러한 중세 교회음악의 발전을 배경으로 하여 대표적인 종교개혁자인 루터, 칼뱅, 그리고 츠빙글리의 찬송 개혁에 대해 살펴볼 것이다.

〈요점〉

종교개혁은 예배와 교회음악의 개혁을 통해 가톨릭의 미사와 성례 중심 예배에서 말씀 중심의 예배로 변화시켰으며, 그레고리 성가와 이후 다

성 음악의 발전은 교회 음악의 전통과 함께 종교개혁 예배 형성에 영향을
미쳤다.

(3) 종교개혁자들의 찬송

16세기 가톨릭교회는 전문 음악 사제들을 등용하며 예배 음악에서 회
중을 고려하지 않았다. 가톨릭교회에서 사용된 라틴어 찬송집은 당시 신
자들에게 큰 어려움을 주었고, 루터는 이를 독일어로 번역하여 신자들이
찬송을 부를 수 있게 하였다. 개신교에서 루터는 교회 음악의 기틀을 세
운 인물로 평가된다. 독일 신학자 슈바르츠(Hans Schwarz)는 루터를 개
신교 교회 음악의 아버지라고 평가하였다. 루터는 교회의 음악 사용에
있어 다른 종교개혁자들보다 자유로웠으며, 교회 음악에 대한 뚜렷한 신
학적 입장을 가진 유일한 인물로 여겨진다. 루터는 찬송이 하나님께 드
리는 찬양의 기능을 넘어 말씀을 가르치는 역할도 한다고 보았으며, 하나
님께서 음악을 통해 복음을 전하실 것을 확신하였다. 그는 만인 제사장
을 강조했지만, 예배에서 성가대를 없애지 않았다. 이상일은 루터가 성
가대를 유지한 이유가 예술적인 다성 음악을 연주하고 새로운 찬송을 회
중에게 가르치기 위해서였다고 설명한다.

홍정수는 루터의 찬송 신학을 다음과 같이 요약한다. 첫째, 루터는 음
악을 하나님의 선물로 보았으며, 둘째, 찬송에 기악을 허용하였다. 셋째,
음악을 통한 기쁨은 죄가 아니라고 보았으며, 넷째, 음악을 통한 말씀 교
육을 강조하였다. 다섯째, 음악의 문화적 영향력을 인정하였고, 여섯째,

음악이 사람의 마음을 다스릴 수 있는 능력이 있다고 보았다. 일곱째, 음악이 성도가 말씀의 부름에 응하도록 돕는 역할을 한다고 생각했으며, 여덟째, 음악은 영적 침체를 해소할 수 있다고 보았다. 이처럼 루터는 교회의 음악 사용에 대해 누구보다도 개방적이었고, 교육과 전도, 영적 성숙을 위해 음악을 적극 활용하였다.

스위스 종교개혁자 츠빙글리는 다른 개혁자들에 비해 잘 알려져 있지 않지만, 그의 교회 음악에 대한 입장은 대체로 '극단적'이라는 평가를 받는다. 츠빙글리는 악기를 잘 다룰 정도로 음악에 능했으나, 종교개혁자 중 예배 음악에 가장 부정적이었다. 그는 회중이 이해할 수 있는 언어로 예배를 드리도록 하여 전통적 미사를 거부했고, 성도들이 기도에 참여하도록 하였다. 회중에게 구약 시편을 교창 형식으로 부르게 하고, 높은 수준의 성가대를 회중이 대체하도록 하였다. 츠빙글리는 기악을 교회에서 배제하고 다성부 찬송 대신 단선율 찬송을 부르게 했는데, 이는 칼뱅의 찬송 신학과 유사한 흐름을 가진다. 1525년 츠빙글리는 예배에서 음악을 완전히 배제하려 했으나 그의 영향력은 미미했다.

칼뱅(Jean Calvin)은 가톨릭의 예배 의식과 전례를 강하게 반대하며 성경에 없는 인위적인 가사 대신 시편을 찬송하도록 하였다. 그는 찬송의 회중성을 강조하여 모든 성도가 쉽게 부를 수 있는 단선율 찬송을 사용하도록 했다. 칼뱅은 음악가 마로(Clement Marot), 베자(Theodore de Beza)와 함께 시편을 운율 의역(metrical paraphrases)하여 악보로 출판했으며, 이들이 세상을 떠난 후에도 작곡가 부르주아(Louis Bourgeois)

와 함께 1562년 *제네바 시편집*을 발행하였다.[4] 칼뱅은 성도들이 찬송을 쉽게 부를 수 있도록 화성을 반대했으나, 음악가 부르주아와 구디멜(Claude Goudimel), 르쥬느(Claude Lejeune)에 의해 다성 편곡된 찬송집이 출판되었고, 가정에서만 사용하도록 허용되었다. 칼뱅은 저서 *기독교강요*에서 기도와 찬송에 대해 다음과 같이 기록하였다.

> 만약 기도가 깊은 마음의 성서에서 나오시 않는나번 목소리와 노래는 하나님 앞에서 아무 의미도 없고 유익도 없다. 단지 입술과 목에서만 나오는 목소리와 노래는 하나님의 진노를 자아낼 뿐이다. 그러나 목소리와 노래가 영혼의 정서를 따르며 그것에 도움을 줄 때 우리는 그것들을 비난하지 않는다. 이는 하나님에 대한 신념으로 우리의 정신을 단련시키고 흩어지기 쉬운 마음을 붙들기 위함이다. 더욱이 우리 육체의 각 부분은 하나님의 영광을 위해 사용되어야 하며, 혀는 노래와 말로 하나님을 찬미하고 선포하도록 지어졌다. 그러나 그 제일의 용도는 믿는 자들의 모임에서 한 마음과 한 믿음으로 하나님을 예배하며, 모든 이가 하나의 입으로 하나님께 영광을 돌리는 공적 기도에 있다.

이처럼 칼뱅은 찬송이 단순한 목소리가 아닌 마음에서부터의 고백이 되어야 함을 강조하였다. 그는 찬송과 기도를 같은 맥락에서 이해하며,

---

4) 시편의 운율 의역은 시편을 노래로 부를 수 있도록 일정한 운율과 리듬을 갖춘 시 형태로 번역한 것이다.
  ex) 시편 100편 1절 "온 땅이여 여호와께 즐거이 부를지어다"를 운율 의역하면 "온 땅이여 주 찬양해, 기쁨으로 주 찬양해"와 같다.

아카펠라로 교회음악을 노래하다

모든 성도가 한마음으로 하나님께 영광을 돌리는 것을 목표로 하였다. 칼뱅이 찬송에서 기악을 배제하고 단음 찬송을 강조한 것은 회중이 가사에 집중하여 영혼의 감동을 느낄 수 있도록 하기 위함이었다. 그는 자국어 찬송을 작곡하여 회중이 쉽게 부를 수 있도록 하였으며, 찬송 활성화를 위해 음악 교육을 강화하였고, 장중하고 위엄 있는 찬송 창작을 통해 세속 음악과의 차별화를 추구하였다.

이 내용을 종합하면, 대부분의 종교개혁자들은 16세기 당시 가톨릭교회 음악을 강하게 반대하였다. 츠빙글리와 칼뱅은 찬송의 회중성을 강조하며 기악 찬송을 거부했으나, 루터는 성가대와 악기에 비교적 개방적이었다. 다만 루터가 공예배 시 악기 사용에 부정적이라는 상반된 주장도 존재한다. 정지현 박사는 종교개혁자들의 악기 배제가 현대 교회의 무분별한 기악 사용에 경종이 될 수 있다고 강조하였다. 본 논문에서는 아카펠라 찬송이 기악을 제외한 육성 찬송을 의미함을 앞서 밝힌 바 있다. 따라서 칼뱅의 단선율 찬송 역시 아카펠라 찬송의 한 흐름으로 볼 수 있다. 루터가 음악에 개방적이었던 것과 달리, 츠빙글리는 세속성을 이유로 찬송에서 음악을 금지하려 했으며, 이는 교회 음악 역사에서 비판의 대상이 되었다. 하지만 츠빙글리가 기악을 금하고 목소리로 찬송하게 한 것은 아카펠라 찬송이 추구하는 기악 배제와 같은 흐름으로 볼 수 있다. 나아가 종교개혁 이후 감리교 창시자 웨슬리(John Wesley)와 침례교 설교자 스펄전(Charles Haddon Spurgeon) 역시 기악을 반대하고 육성 찬송을 주장하였다.

〈요점〉

16세기 종교개혁의 배경 속에서, 루터, 칼뱅, 츠빙글리 등 개혁자들은 각기 다른 교회 음악 철학을 제시하였다. 루터는 악기 사용에 개방적이었으나, 츠빙글리와 칼뱅은 기악 찬송을 배제하며 회중성을 강조하였다. 이들의 찬송 철학은 예배에서 성경적 원리와 신앙적 진정성을 강조하는 데 중요한 역할을 하였다.

각 챕터의 요점은 다음과 같다.

1. 예배와 찬송의 개념

예배는 하나님의 계시와 신앙인의 반응을 중심으로 이루어지며, 찬송은 예배 안에서 하나님을 찬양하고, 회중의 신앙 고백과 공동체를 형성하는 중요한 역할을 한다.

2. 구약 시대의 찬송

구약의 예배는 족장 시대, 출애굽기 시대의 성막 예배, 성전 예배, 포로기 이후의 회당 예배로 발전해 왔으며, 이 모든 예배에서 시편이 중요한 역할을 했다.

3. 초기교회의 찬송

초기교회는 회당과 다락방에서 모였으며, 이들 예배 장소의 영향을 받아 악기를 배제한 아카펠라 찬송을 중심으로 공동체 예배가 이루어졌다.

4. 종교개혁 시대의 찬송

종교개혁은 중세의 화려한 교회음악에서 벗어나, 말씀과 회중 중심의 찬송을 강조하였으며, 루터, 칼뱅, 츠빙글리 등의 개혁자들이 찬송에 대한 각기 다른 접근 방식을 제시하였다.

아카펠라로 교회음악을 노래하다

문 제

① 예배와 찬송은 신앙 공동체를 형성하는 역할을 한다.　　　(Yes/No)

② 구약 시대의 예배는 단일한 형식으로만 이루어졌다.　　　(Yes/No)

③ 초기교회의 찬송은 악기를 사용하는 것이 일반적이었다.　　　(Yes/No)

④ 종교개혁 시기에는 모든 개혁자가 기악 사용을 지지했다.　　　(Yes/No)

⑤ 루터는 독일어 찬송을 통해 회중의 참여를 촉진하고자 했다.　　　(Yes/No)

⑥ 구약 시대의 예배 찬송에서 가장 중요한 역할을 했던 것은?
   a) 시편
   b) 이스라엘 문화와 민족성

⑦ 초기 교회의 찬송은 무엇을 중심으로 발전했는가?
   a) 아카펠라 찬송
   b) 기악 연주

⑧ 종교개혁 시대의 찬송에서 루터가 강조한 것은 무엇인가?
   a) 회중 참여
   b) 성직자 중심 예배

⑨ 종교개혁 예배의 네 가지 특징 중 하나는 예배를 구원의 (　　)로 간주한 것이다.

⑩ 초기 교회의 찬송 형성에 영향을 미친 두 장소는 (　　)과 (　　)이다.

* 모범 답안 238페이지 참조

5. 환원운동과 아카펠라 찬송

본 챕터에서는 먼저 환원운동을 개관한 후, 환원운동 내 아카펠라 신학을 탐구할 것이다. 현대 환원운동에서 아카펠라 찬송 신학은 퍼거슨(Everett Ferguson)의 연구를 통해 가장 널리 인정되는 찬송 개념을 제공한다. 특히 헬라어 프살로의 어원 해석은 악기 사용 논쟁의 핵심 쟁점으로 평가된다. 이러한 아카펠라 찬송 논쟁을 고찰한 후, 1805년 엘리어스 스미스(Elias Smith)의 찬송집을 시작으로 현대까지 환원운동에서 주로 사용된 찬송집을 워커(Wayne S. Walker)의 찬송가 역사 정리를 중심으로 검토할 것이다.

(1) 환원운동

환원운동(Restoration Movement)은 18세기 말과 19세기 초 미국에서 시작된 교회 일치 운동으로, 바턴 W. 스톤(Barton W. Stone), 토마스 캠벨(Thomas Campbell), 그리고 알렉산더 캠벨(Alexander Campbell)에 의해 주도되었다. 이러한 배경으로 인해 환원운동은 '스톤-캠벨 운동(Stone-Campbell Movement)'이라는 명칭으로도 알려져 있다. 역사 신학자 전인수는 환원운동이 시작될 당시의 사회적 분위기를 다음과 같이 설명한다.

아카펠라로 교회음악을 노래하다

당시 미국은 영국에서 독립한 신생국으로 민주화, 자유, 개인주의를 강조하고 전통을 재해석하려는 분위기가 팽배했다. 동시에 미국 교회는 유럽에서 전파된 다양한 교파, 그리고 미국에서 새롭게 생겨난 교파들이 난립하여 갈등이 지속적으로 증폭되고 있었다.

이와 같은 상황에서 환원운동가들은 교회의 일치를 이루기 위해 신약성경으로 돌아가는 것만이 유일한 방법이라고 주장하였다. 그들은 성경에 계시된 교회와 예배의 회복을 통해 교회의 일치를 추구하였다. 이와 관련하여 스프링필드 장로회의 유언과 증언은 1804년 6월 28일 지방 노회의 해체를 선언한 문서로, 당시 환원운동가들이 개교회 이외의 상위 조직이나 기구를 비성경적인 것으로 보았음을 보여준다.[5] 또한, 그들은 성경 외의 신조를 받아들이지 않았고, '침묵의 법(law of exclusion)'을 해석 원칙으로 채택하여 기악 찬송을 배제하고 육성 찬송을 실천하였다.

환원운동 초기부터 사용된 구호인 "본질에는 일치를, 비본질에는 자유를, 모든 일에는 사랑을(In Essentials Unity: In Non-Essentials Liberty: In All Things Charity)"은 오늘날까지도 환원운동 교회들에 중요한 신앙의 모범으로 남아 있다. 트리스타노(Richard Tristano)는 진리의 동기(Truth Motive)와 일치의 동기(Unity Motive)가 환원운동의 촉발 요인이라 설명하며, 여기서 진리는 신약성경을 의미한다고 본다. 이로 인해 환원운동은 종파, 교단, 성직자의 선언과 신학적 논쟁을 지양하며, 교파주의를 거

---

5) '개교회'란 독립된 하나의 교회를 의미하는 개념이다. 특정 교단에 속해 있더라도 독립적으로 운영되고 사역하며, 다른 교회나 교단에 종속되지 않는 개별적인 교회를 뜻한다. 교회 운영, 재정, 예배 방식 등에서 자율성을 지니고 있어 그 교회만의 특징과 특성을 유지하는 것이 특징이다.

부하는 특성을 가지게 되었다.

환원운동이 참된 교회를 이루기 위해 채택한 방법론을 이해하기 위해 휴즈(Richard T. Hughes)가 제시한 세 가지 원시주의 개념을 살펴볼 것이다. 휴즈가 제시한 3가지 개념은 교회적 원시주의(Ecclesiastical Primitivism), 윤리적 원시주의(Ethical Primitivism), 복음적 원시주의(Gospel Primitivism)이다.

첫째, 교회적 원시주의는 중세 교회의 제도와 유물을 폐지하고 초대교회의 형태와 체계를 복원해야 한다는 개념이다. 초기 환원운동가들은 예배의 본질과 비본질을 구분하며, 거룩한 입맞춤, 여집사, 공동생활, 세족식, 은사적 경험 등은 거부했으나, 회중 자치, 매주 주의 만찬, 구원의 침례는 강력히 주장하였다.

둘째, 윤리적 원시주의는 환원운동가들이 이면적 교회 모델보다 윤리적 모델을 강조한 개념이다. 이들은 교회의 본질을 이웃을 사랑하고 돌보는 데 두었으며, 스톤은 자신의 노예에게 자유를 주고 재산을 불우한 이웃과 나누며 폭력을 거부하였다.

셋째, 복음적 원시주의는 루터의 모델에서 영향을 받았으나 환원운동과는 차별점을 지닌다. 루터는 인간의 공로가 아닌 하나님의 은혜를 강조하며 구원의 확신을 통해 구원이 주어진다고 보았다. 반면 환원운동은 인간의 자유 의지를 긍정하면서도 세례를 구원의 필수 요소로 보며, 개혁교회와 차이를 보인다.

환원운동 신학자 코츠렐(Jack W. Cottrell)은 환원운동 신학에 기반해

아카펠라로 교회음악을 노래하다

구원론을 정리하며, 믿음, 회개, 고백, 세례가 구원의 은총을 받기 위한 필수적인 조건이라 하였다. 코츠렐에 의하면, 세례는 단순히 과거의 죄 사함에만 국한되지 않고, 율법이 아닌 복음의 명령으로 이해된다.

환원운동의 목표는 '환원'과 '일치'로 요약할 수 있다. 환원운동은 성경에서 교회의 하나됨을 찾으려는 신앙운동으로, 인위적인 조직을 거부하고 성직 제도를 부정하며 만인 제사장을 주장한다. 성경에서 말하는 것은 말하고, 말하지 않는 것은 함께 침묵한다는 '침묵의 법'은 아카펠라 찬송을 선택하는 데에 큰 영향을 주었다. 환원운동에서 세례는 하나님께서 주신 구원의 여정 중 하나로 이해되며, 매주 주의 만찬을 실천하는 것이 특징이다.

〈요점〉

환원운동은 18세기 말~19세기 초 미국에서 바턴 W. 스톤과 캠벨 부자가 시작한 교회 일치 운동으로, '스톤-캠벨 운동'으로 불리기도 한다. 이들은 신약성경으로의 회귀를 통해 교회의 본질을 회복하고 교파주의를 지양하며 교회의 일치를 추구하였다.

(2) 환원운동의 아카펠라 찬송 신학

알렉산더 캠벨은 당시 예배에서 오르간 사용에 대해 특별한 반응을 보이지 않았는데, 이는 오르간이 예배의 일부가 될 가능성에 대해 전혀 고려하지 않았기 때문이다. 그는 시편과 찬송을 즐겨 부르며 합창단을 인위적인 것으로 여겨 대리 찬송(singing by proxy)을 비판하고 회중 찬송을 변호하였다. 환원운동에서 기악 사용 반대의 최초 기록은 1856년 패닝(Tolbert Fanning)에 의한 것으로, 월번(James R. Wilburn)은 *The Hazard of the Die*에서 패닝이 예배 시 오르간과 바이올린, 합창단 사용을 반대했다고 전한다. 크리스토퍼 박사(Dr. H. Christopher)는 1867년 *Lard's Quarterly*에서 회당 예배와 초기 교회의 악기 배제를 근거로 그리스도의 교회에서 기악 사용을 반대하며, 초기 교회 증언자 크리소스톰(John Chrysostom)을 인용하여 모든 성도가 세속적인 것에서 벗어나 찬송에 함께 참여할 것을 권면하였다.

환원운동가 스미스(F. W. Smith)는 예배의 개념에 종속된 찬송은 영과 진리(요한복음 4:24) 안에서 제한되어야 한다고 주장했으며, 이러한 관점은 예배 음악에 성경적 근거를 요구하게 했다.

환원운동의 아카펠라 신학은 세 가지 주요 원리로 요약될 수 있다: 신약성경의 원리, 침묵의 법, 회중 중심의 원리이다.

첫째, 환원운동에서 아카펠라 찬송의 근거는 신약성경이다. 신약성경에서 아카펠라 찬송 논쟁에 중요한 쟁점은 헬라어 '프살로'의 의미로, 퍼거슨(Everett Ferguson)은 프살로 논쟁이 어원적, 사전적 해석에서 주로 논란이 된다고 했다. 프살로의 의미는 '시를 노래하다', '찬양하다'이지만, 기악 찬송을 지지하는 사람들은 프살로가 '현을 당기다', '연주하다'라는 의미를 포함하여 악기를 찬송에 포함할 수 있다고 주장한다.

환원운동에서 프살로 논쟁에 중요한 역할을 한 인물은 커피스(M. C. Kurfees)로, 그는 *Instrumental Music in the Worship or the Greek Verb Psallo*에서 프살로가 다섯 가지 의미를 가지며, 그중 마지막 의미가 '찬송을 부르다'와 가장 부합한다고 설명하였다. 커피스의 요점은 "프살로와 프살모스라는 용어들이 신약에서 순수한 목소리로 찬송할 때만 사용되었다"는 것이다. 퍼거슨은 고대 헬라 문학에서 프살로의 사용이 악기 사용이 아닌 목소리로 찬송한 것을 의미한다고 하였다. 프살로가 단독으로 사용될 경우 '노래하다', '찬송하다'로 쓰이며, 악기 연주를 뜻할 때는 악기 이름이 동반되어야 한다고 하였다. 베일즈(James D. Bales)는 신약성경은 구약에 비해 매우 영적이기 때문에 생명 없는 악기가 그리스도인의 순수한 마음을 대체할 수 없다고 하였다.

둘째, 환원운동의 아카펠라 찬송 근거는 '침묵의 법(law of exclusion)'이다. 스위트먼은 프리드 하드먼 대학에서 열린 악기 토론에서 신약성경에 침묵의 법이 위법이라며, 믿음의 구원 문제 외에는 침묵을 허용해야 한다고 주장하였다. 반면, 기악 찬송 반대자들은 이 주장이 비논리적이라고 지적하였다. 맥칼리스터(Lester G. McAllister)와 타커(William E. Tucker)는 찬송 중 악기 사용을 문화적으로 설명하려 했으나, 전통적 환원운동은 문화를 성경 가르침 아래로 두고, 성경을 예배의 유일한 근거로 인식하였다. 파르(David R. Pharr)는 히브리서 7장 13~14절에서 하나님이 침묵으로 유다 출신 제사장을 허용하지 않은 것을 언급하며, 나답과 아비후의 사례(레위기 10:1~2)처럼 하나님이 명령하지 않은 불을 사용하여 심판받았다고 하였다. 환원운동은 성경에서 침묵한 것을 따르지 않고 성경이 명령한 것을 상고하는 실천적 교회로 인식된다.

셋째, 환원운동의 아카펠라 찬송은 회중 중심의 원리에서 기획되었다. 회중 중심의 원리는 찬송이 성도의 권리로, 특정 인물만이 아닌 누구나 함께 찬송할 수 있도록 해야 한다는 것이다. 초기 환원운동가들은 성경에 근거한 회중 찬송을 위해 독창자나 성가대, 찬양팀을 배제하였다. 환원운동에서 기악은 회중의 찬송을 돕기보다 방해하는 요소로 인식되었다. 캠벨은 "신앙심이 없는 사람들은 악기를 원하고 필요하게 여길 수 있다. 하지만 영적 마음을 지닌 그리스도인에게는 이러한 도구들이 음악회에서의 방울(cowbell)과 같다"고 하였다.[6] 화이트헤드(Paul R. Whitehead)는 하나님께서는 성도의 음악성과 관계없이 찬송을 기뻐하신다고 말하며, 기악으로 찬송의 음악적 질이 좋아진다면 누구의 기쁨인가라고 반문하였다.

퍼거슨은 구약시대에는 수금과 비파 등으로 하나님께 제사를 드렸지만 신약시대에는 이러한 기악 사용이 폐지되었다고 하였다. 환원운동은 신약성경에 기악 사용 명령이 없다는 점을 근거로 육성 찬송을 실천한다. 요한계시록에 언급된 악기 구절들은 종종 기악 사용의 근거로 제시되지만, 환원운동가들은 이를 상징적 표현으로 보고 기악 사용의 근거로 인정하지 않는다. 예를 들어, 요한계시록 14장 2절에서 거문고 소리가 아닌 거문고를 타는 듯한 소리로 언급되며, 계시록 5장 8절의 향이 기도를 상징하는 것처럼 환원운동은 이 구절을 상징적 표현으로 본다.

환원운동 교회들은 예배에서 신약성경을 최우선 모범으로 삼고 있으며, 신약성경에서 기악 사용이 명시되지 않았다는 점을 아카펠라 찬송의 근거로 삼고 있다. 에드워즈는 "성경은 권위를 가지고 우리를 가르치며, 우리의 행위를 제한한다"고 하였다. 퍼거슨은 "초기교회 문헌은 기독교

---

6) 캠벨의 비유는 악기를 사용하는 것이 예배에서 불필요하거나 방해가 될 수 있음을 표현한 것이다. 그는 예배에서 악기를 "음악회에서의 방울(cowbell)"에 비유하였으며, 이는 음악회의 흐름에 맞지 않고 다소 거슬리는 요소처럼 느껴질 수 있다는 의미이다. 즉, 악기가 영적인 예배의 본질과는 어울리지 않는 세속적인 장치로 여겨질 수 있다는 점을 강조한 것이다.

아카펠라로 교회음악을 노래하다

초기 1000년 동안 교회에서 악기가 사용되지 않았음을 증언한다"고 하였다. 이는 초기 교회가 박해 때문에 기악을 사용하지 않은 것이 아니라, 신약성경의 모범을 따랐기 때문이다.

초기 환원운동의 찬송 신학은 악기를 배제하고 육성 찬송을 드렸다. 미국 그리스도의교회는 1850년부터 1906년까지 약 85%의 교회가 악기 사용을 두고 분열을 겪었으며, 이후 무악기 그리스도의 교회는 2000년 기준 전 세계 약 230만 명의 성도로 성장하였다. 환원운동가들이 찬송에서 악기를 사용하지 않는 이유는 간단하다. 신약성경에서 기악을 명령하지 않았기 때문이다.

〈요점〉

환원운동 교회들은 신약성경을 예배의 최우선 모범으로 삼아, 기악 사용이 명시되지 않은 점을 근거로 아카펠라 찬송을 실천한다. 초기 교회 역시 신약의 모범을 따르며 악기를 배제하였고, 미국 그리스도의교회는 이를 통해 성장해왔다.

(3) 환원운동에서 사용된 찬송집

아카펠라교회의 예배 음악에서 모양음표(Shape Notes)를 사용한 찬송집은 역사적으로 중요한 의미를 가진다.[7] 워커(Wayne S. Walker)의

---

7) 그리스도의 교회처럼 예배에서 목소리로만 찬양하는 교회들은 '아카펠라 교회'로 불린다. 본서에서는 '아카펠라 교회'라는 용어를 이러한 의미로 사용한다.

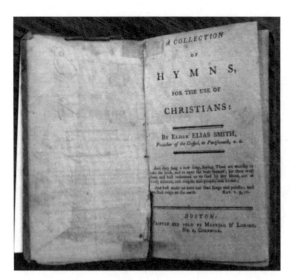

[A Collection of Hymns For the Use of Christians of Elias Smith]

*History of Our Hymnbooks*는 *Faith & Facts*저널에 게재된 글로, 아카펠라교회에서 사용된 찬송집의 발전 과정을 상세히 다루고 있다. 본 장에서는 워커의 연구를 바탕으로 아카펠라 예배 전통이 찬송집의 역사에 미친 영향과 그 의의를 고찰하고자 한다.

워커에 따르면, 아카펠라교회의 첫 번째 기록된 찬송집은 1805년 버몬트주의 엘리아스 스미스(Elias Smith)에 의해 편찬되었다. 이어서 1810년에는 켄터키에서 스톤과 동역하던 데이비드 퍼비언스(David Purvience)가 *The Christian Hymnbook*을 출판하였고, 1818년에는 리스 해거드(Rice Haggard)가 켄터키에서 캠벨과 함께 *A Selection of Christian Hymns*를 출판하였다. 이후 엘리아스 스미스의 동료였던 로버트 포스터(Robert Foster)는 *Hymns, Original and Selected*를 출판하였고, 1828년에는 캠벨과 협력하여 *Psalms, Hymns, and Spiritual Songs*를 출판했다.

아카펠라로 교회음악을 노래하다

1832년, 캠벨과 스톤이 연합하여 발간한 이 찬송집은 그 시대의 중요한 예배 자료로 자리 잡았다. 그러나 이 과정에서 찬송집에 대한 의견 차이가 발생했으며, 캠벨은 오래되고 권위 있는 찬송가를 선호한 반면, 동역자들은 새로운 스타일의 가스펠 송에 매력을 느꼈다. 이로 인해 교회 내에서 찬송집 경쟁이 촉발되었고, 1839년에는 캠벨의 동역자 중 하나인 월터 스콧(Walter Scott)이 *Christian Psalms and Hymns*를 출판했다. 스콧은 음악 교사였던 아버지 덕분에 플루트 연주자로서 예술적 감각이 뛰어났으며, 찬송은 그의 전도 활동에서 매우 중요한 역할을 했다. 이후 1849년에 결성된 미국 기독교 선교회(American Christian Missionary Society)는 캠벨을 초대 회장으로 선출하였다. 1866년 캠벨이 사망한 후, 그의 찬송가를 개정하기 위해 아이작 에렛(Isaac Errett)이 이끄는 찬송 위원회가 조직되어 개정판을 출판했다.

초기의 찬송집은 악보 없이 가사만 포함되었으나, 1875년 헤이든(Amos Sutton Hayden)은 캠벨의 찬송가에 곡조를 추가하여 *The Christian Hymnal: A Choice Collection of Hymns and Tunes*를 발표하였다. 또한, 그는 모양음표를 사용한 악보를 모은 *The Sacred Melodeon*을 출판하여 당시 효과적인 음악 교육 도구로 사용되었다. 모양음표는 쉬운 음악적 접근성 덕분에 교육적 효과를 높였고, 이후 아카펠라교회에서 사용된 4부 찬송 악보집의 중요한 특징으로 자리 잡았다. 이는 예배의 음악적 접근성을 높이고, 성경적 찬송 전통을 유지하는 데 중요한 역할을 했다.

19세기 후반, 아카펠라교회에서는 선교와 예배에서의 악기 사용이 중요한 이슈로 떠올랐다. 이를 계기로 보수적인 교회들은 그리스도의

교회(Churches of Christ)로, 악기 사용에 긍정적인 입장을 취한 교회들은 그리스도인교회(Christian Church)로 분리되었다. 이러한 분열은 1906년 미국 인구 조사국에 의해 공식화되었다. 이 과정에서 신학적 차이는 찬송집 제작에도 영향을 미쳤다. 1889년에서 1914년 사이 발행된 *Advocate*의 여덟 권의 찬송집은 전도자들과 음악 전문가들이 협력하여 다양한 찬송집을 제작하였다.

20세기 초 가장 인기 있었던 찬송집 중 하나는 1938년에 출판된 *New Wonderful Songs*로, 당시 찬송집에 대한 열기는 Trio Music Company와 Quartet Music Company 같은 독립 출판사들의 경쟁적 출판으로 이어졌다. 또한 윌 W. 슬레이터(Will W. Slater)는 독립적인 찬송집 출판인으로서 *Spiritual Melodies*와 *Gospel Songs and Hymns* 같은 찬송집을 발간하였다. 찬송 창작자 겸 전도자였던 틸릿 S. 테들리(Tillit S. Teddlie)는 61년 동안 학교에서 노래를 가르쳤고, 130곡을 작곡했으며, 14권의 찬송집을 출간하였다. 1921년 그의 *Great Songs of the Church*는 20년간 전국 아카펠라교회에서 가장 인기 있는 찬송집이었다.

1956년 크럼(Ellis J. Crum)은 당시 가장 널리 사용된 찬송집 *Sacred Selections for the Church*를 발표했다. 이후 1971년 하워드(Alton Howard)는 *Songs of the Church*를, 맥캔(Forrest H. McCann)은 1986년 애빌린 대학 출판부(Abilene University Press)를 위해 *Great Songs*를 편집했으나, 모양음표를 사용하지 않아 널리 사용되지 못했다. 1987년 스티븐스(R. J. Stevens)는 현재까지도 많이 사용되는 *Hymns for Worship*을 출판했으며, 1990년 하워드는 *Songs of the Church, 21st Century Edition*, 1992년 랜드(John Wiegand)는 *Praise for the Lord*, 1994년 하워드는 *Songs of*

*Faith and Praise*를 출판했다. 모양음표를 채택한 아카펠라 찬송집은 교회의 예배 문화에 깊은 영향을 미쳤다. 초기 찬송집은 단순한 가사로 시작되었지만, 시간이 흐르면서 음악적 교육과 회중의 참여를 돕기 위해 모양음표가 도입되었다. 이는 예배의 음악적 접근성을 높이고, 성경적 찬송 전통을 유지하는 데 중요한 역할을 했다.

키스 랭커스터(Keith Lancaster)는 Acappella Ministries와 The Acappella Company의 설립자로, 1982년에 아카펠라 찬양을 통해 복음을 전파하고 교회 예배에서 아카펠라 찬양을 활성화하는 목표로 이 사역을 시작했다. 그의 사역은 크게 확장되어, Acappella와 Acappella Vocal Band 등 여러 그룹을 포함하고 있다. 특히 *Praise & Harmony* 프로젝트는 교회들이 성가 합창의 질을 높일 수 있도록 자원을 제공하고 있으며, 많은 교회에서 악기를 사용하지 않는 아카펠라 예배를 강조한다. 랭커스터의 *Praise & Harmony TV*는 교회와 성도들이 4부 합창을 효과적으로 배울 수 있는 비디오 스트리밍 서비스를 제공하며, iOS, Android, Apple TV, Roku, Fire TV 등 다양한 플랫폼에서 이용 가능하다. 이 시스템을 통해 교인들이 모양음표와 같은 도구를 활용하여 악기 없이도 적극적으로 찬양에 참여할 수 있는 환경이 조성되고 있다. 따라서 *Praise & Harmony* 프로젝트와 모양음표 악보는 아카펠라교회 예배의 음악적 참여와 공동체적 일체감을 높이는 데 중요한 역할을 하고 있다.

〈요점〉

아카펠라 교회는 예배에서 신약성경을 최우선으로 삼아 기악을 배제하고 모양음표를 활용한 찬송집을 발전시켜 왔다. 초기부터 모양음표는 회중의 음악 교육과 참여를 촉진했으며, 20세기 이후에는 다양한 찬송집과 Praise & Harmony 프로젝트를 통해 아카펠라 찬송의 전통을 강화하였다.

각 챕터의 요점은 다음과 같다.

(1) 환원 운동

환원운동은 18세기 말과 19세기 초, 바턴 W. 스톤과 캠벨 부자에 의해 시작된 교회 일치 운동이다. 신약성경을 최우선 모범으로 삼아 교파주의를 지양하고, 교회의 본질을 회복하려는 것을 목표로 한다.

(2) 환원 운동의 아카펠라 찬송 신학

환원운동가들은 신약성경의 모범을 따르며, 침묵의 법과 회중 중심 원리를 기반으로 아카펠라 찬송을 실천했다. 헬라어 '프살로'의 해석을 통해 기악을 배제하고, 회중이 함께 찬송할 수 있는 환경을 조성하였다.

(3) 환원 운동에서 사용된 찬송집

환원운동의 초기 찬송집은 가사만 포함되었으나, 이후 모양음표를 사용한 악보가 도입되어 회중의 참여와 음악 교육을 촉진하였다. 20세기에는 다양한 찬송집이 출판되었으며, Praise & Harmony 프로젝트 등을 통해 아카펠라 찬송 전통을 지속적으로 발전시키고 있다.

아카펠라로 교회음악을 노래하다

문제

① 환원운동은 18세기 말과 19세기 초에 시작되었다. (Yes/No)

② 환원운동에서는 구약성경을 최우선 모범으로 삼는다. (Yes/No)

③ '프살로'의 의미는 아카펠라 찬송 논쟁에서 중요한 쟁점이다. (Yes/No)

④ 초기 환원운동의 찬송집에는 악보가 포함되지 않았다. (Yes/No)

⑤ Praise & Harmony 프로젝트는 기악 사용을 장려하는 프로그램이다. (Yes/No)

⑥ 환원운동의 아카펠라 찬송 신학에서 중요한 원리는?

　a) 침묵의 법과 회중 중심의 원리

　b) 악기 사용과 음악성 향상

⑦ 환원운동에서 찬송에 기악을 사용하지 않는 이유는?

　a) 구약성경에 기악 사용을 명시하지 않아서

　b) 신약성경에 기악 사용을 명시하지 않아서

⑧ '모양음표'는 어떤 목적을 위해 사용되었는가?

　a) 회중의 음악적 접근성과 교육 효과를 높이기 위해

　b) 악기 사용을 대신하기 위해

⑨ 환원운동은 신약적 교회로의 환원과 교회의 (　　)을 목표로 한다.

⑩ 그리스도의교회는 목소리로 찬양하는 예배의 특성 때문에 (　　) 교회로 불리기도 한다.

*모범 답안 239페이지 참조

II

아카펠라 찬송 인도자의
영성과 음악성

현대 예배 음악가이자 저술가인 그렉 쉬어(Greg Scheer)는 현대 예배 음악의 정의를 포괄적으로 설명한다. 그는 "현대 예배 음악은 아보 파트(Arvo Pärt)의 마리아의 송가(*Magnificat*), 에릭 루틀리(Erik Routley)의 현대적인 찬송, 테크노(Techno) 장르의 찬양, 그리고 떼제(Taizé) 공동체의 명상 성가까지 포함할 수 있어야 한다"고 주장한다. 쉬어의 견해는 현대 예배 음악이 단순히 전통적 교회 음악에 한정되지 않고, 동시대적이고 다양한 음악 스타일과 표현 방식을 포용하는 개방성을 강조한다. 이러한 배경 속에서 많은 교회는 예배를 확장하고자 기독교인과 비기독교인 모두가 공감할 수 있는 음악을 예배의 중요한 요소로 인식한다. 예배 음악의 범위가 넓어짐에 따라, 교회 성장의 필수 요소로도 활용되고 있다. 다만 예배의 중심이 단순히 교회 성장의 수단으로 기능하는 것은 신중히 검토할 필요가 있다. 음악이 예배 본연의 목적에서 벗어나지 않도록 중심을 지키는 것이 중요하기 때문이다.

이와 같은 맥락에서 아카펠라 찬송 인도자의 영성과 음악성은 매우 중요한 역할을 한다. 아카펠라 찬송 인도자는 성도들이 음악의 본질적 가치를 체험하도록 도우며, 회중이 하나의 목소리로 하나님께 나아가도록 인도하는 책임을 지닌다. 본 챕터에서는 아카펠라 찬송 인도자가 갖추어야 할 영적 자질과 음악적 역량, 리더십의 중요성을 살펴보며, 현대 예배 환경 속에서 아카펠라 찬송 인도자의 역할을 어떻게 이해할 수 있는지에 대해 고찰하고자 한다.

　아카펠라로 교회음악을 노래하다

1. 찬송 인도자의 탁월성: 영성과 음악성

(1) 찬송 인도자의 영성: 예배자의 자세

찬송 인도자는 무엇보다 먼저 예배자가 되어야 한다. 이는 찬송 인도자가 단순히 음악을 이끄는 역할을 넘어, 예배의 중심에서 하나님과 친밀한 관계를 맺으며 찬송하기 때문이다. 찬송 인도자는 구원의 확신과 고백을 성경의 진리로부터 확증받아야 하며, 하나님 앞에서 진정한 예배자로 서는 것이 우선되어야 한다.

환원운동의 선구자 알렉산더 캠벨은 찬송을 매우 중요한 요소로 여기며, 매일 가정 예배가 그리스도인의 영성을 형성하는 핵심임을 강조하였다. 캠벨은 가정에서 함께 부를 수 있는 찬송 모음집을 제작하며 신앙 공동체가 하나님을 향한 찬양으로 하나 되기를 바랐다. 바턴 스톤 또한 찬송이 영성에 미치는 영향을 중시하며, 예배에서 찬송이 하나님께 드려져야 함을 설파하였다.

초기 환원운동가들은 성가대나 합창단과 같은 특별한 그룹에 의해 찬송이 공연화되는 것을 경계하였다. 그 이유는 찬송이 예배에서 회중 모두가 참여해야 할 중심적인 신앙 활동이기 때문이다. 하나님께 드리는 찬송은 단순히 감상하는 대상이 아니라, 영적 교제와 친밀함을 높일 수 있는 중요한 예배의 실천으로 여겨졌다.

따라서 찬송 인도자는 단순한 노래의 리더가 아니라, 먼저 하나님을 예배하는 자로서 깊은 영성을 갖추고 성도들과 함께 하나님을 향한 찬양으로 나아가야 한다.

(a) 좋은 예배의 특성과 찬송 인도자의 역할

현대 교회에서 '예배'라는 용어가 점차 찬송의 의미로 사용되고 있으나, 이는 예배의 본질을 온전히 반영하지 못한다. 예배라는 큰 틀 안에 찬송이 포함되는 것이지, 찬송 자체가 예배를 대체할 수는 없기 때문이나. 예배 내에서 찬송의 역할이 커졌음을 보여주는 이러한 변화는 예배의 중요성을 더욱 강조한다. 로버트 웨버(Robert Webber)는 현대 성도들이 교회를 선택할 때 설교보다는 '예배'를 더 중시한다고 지적하며, 예배 중심의 교회 선택 기준이 반영된 오늘날의 흐름을 설명한다. 이에 따라 찬송 인도자는 교회에서 설교자만큼 중요한 역할을 맡게 될 것이다.

찬송을 인도하는 역할에서 중요한 요소는 '좋은 예배'의 특성을 이해하는 데 있다. 문화적 차이를 넘어 본질을 유지하는 좋은 예배는 각 교회마다 다를 수 있지만, 그 목표는 동일하다. 문병하의 연구에 따라, 좋은 예배의 개념을 다음과 같이 정리할 수 있다.

ⓐ 만남이 있는 예배

예배는 하나님과 그의 백성이 인격적으로 관계를 맺는 장으로, 하나님께서 자신의 성품을 드러내시고 이에 대한 회중의 응답으로 찬송이 이어진다. 찬송 인도자는 예배적 만남을 유도하며, 예배자들이 하나님 앞에 나아가도록 돕는 역할을 수행한다.

ⓑ **대화가 이루어지는 예배**

하나님은 예배를 통해 자신의 백성과 소통하기를 원하시며, 하나님의 말씀은 계시이자 교제의 수단이 된다. 이 대화의 응답이 바로 찬송이며, 이는 예배자 간의 교제와 격려의 도구로도 사용될 수 있다. 찬송 인도자는 하나님과 성도 간의 교제를 촉진하고 성도 간에도 격려가 넘치도록 이끈다.

ⓒ **반응과 응답이 있는 예배**

헌신과 희생을 요구하는 예배에서 바인(W. E. Vine)은 반응을 네 가지로 구분한다. 개별적 반응, 소유적 반응, 찬양의 반응, 실제적 반응. 이는 예배가 하나님의 임재에 대한 반응이자, 찬송이 그 반응의 도구임을 보여준다. 찬송 인도자는 이러한 반응을 이끌어 회중이 하나님의 말씀에 뜨겁게 응답할 수 있도록 한다.

ⓓ **사랑을 실천하는 예배**

예배는 봉사와 섬김이 동반되어야 한다. 찬송 인도자는 찬송을 통해 하나님을 높이고 성도들 간에 사랑과 섬김이 넘치도록 이끌어 교회 공동체 안에서 이웃 사랑의 본을 보여야 한다.

ⓔ **축제로서의 예배**

예배는 기쁨이 넘치는 축제의 장이어야 한다. 찬송 인도자는 회중이 하나님을 향해 기쁨을 표현할 수 있도록 축제 분위기를 조성한다.

⑦ 변화를 이끌어내는 예배

지글러(Franklin Segler)는 예배 후의 삶의 변화를 참된 예배의 증거로 본다. 찬송은 예배자들에게 세상을 맞설 용기를 부여하며, 찬송 인도자는 이러한 변화를 촉진하는 영성과 책임감을 가져야 한다.

⑧ 감사가 넘치는 예배

예배는 하나님의 행하신 일에 기초한 감사가 넘쳐야 한다. 시나지게 인간 중심적인 찬송은 공예배에 적합하지 않으며, 찬송 인도자는 감사와 경배가 담긴 곡을 신중히 선별하여 예배를 구성해야 한다.

결국, 완전한 하나님 나라에서도 예배의 피날레는 찬송으로 장식될 것이다. 이러한 찬송의 피날레를 준비하며, 찬송 인도자는 교회에서 예배의 중추적 역할을 맡고 있음을 자각하고 예배자들의 영적 성장과 찬송의 완성을 기대하며 섬겨야 할 것이다.

〈요점〉

좋은 예배는 하나님과의 만남, 대화, 반응이 이루어지는 자리로, 영적 교제와 헌신, 사랑을 실천하는 자리이다. 찬송 인도자는 예배의 본질을 유지하며, 문화적 차이를 넘어 회중을 하나님께 나아가도록 이끄는 역할을 수행한다. 찬송 인도자는 축제의 기쁨과 예배자들의 변화를 촉진하며, 감사가 넘치는 예배로 회중을 인도함으로써 예배가 하나님의 은혜에 기초하도록 돕는다.

(b) 예배에서 찬송 인도자의 영적 역할

모세는 하나님의 부르심에 따라 이스라엘 백성을 이끌고 홍해를 건너 광야로 나아갔다. 하나님께서 이스라엘 백성을 광야로 인도하신 이유는 그들이 하나님께 예배하며 제사드리도록 하기 위함이었다(출애굽기 3:18). 이에 하나님은 아론과 그의 자손을 제사장으로 세우고, 레위 지파를 선택하여 제사와 성막을 섬기는 임무를 맡기셨다. 백성들은 성막을 지어 성소와 지성소로 구별하였고, 지성소에 언약궤를 두어 하나님의 현현을 나타내도록 하였다.

이 출애굽의 모델을 통해 본다면, 찬송 인도자는 예배 속에서 다섯 가지 영적 역할을 감당해야 한다.

ⓐ 회중이 하나님의 자녀임을 깨닫게 하는 역할

애굽에서 종살이하던 이스라엘 백성은 여전히 하나님의 자녀였으나, 종의 신분으로는 온전한 예배를 드릴 수 없었다. 홍해를 건넌 후, 그들은 하나님 앞에 자유로운 백성으로 서게 되었다. 찬송 인도자는 회중이 종이 아닌 하나님의 자녀임을 찬송을 통해 선포하고, 이 신분을 확신하도록 돕는다.

ⓑ 회중이 예배자로서의 정체성을 갖도록 인도하는 역할

출애굽의 궁극적 목적은 예배였다(출애굽기 3:18). 홍해를 건넌 백성은 광야에서 성막을 세우고 예배자로서의 정체성을 확립하였다. 오늘날 성도의 구원의 궁극적 목적 또한 예배이다. 찬송 인도자는 교회의 모든 사역에서 예배가 최우선적 가치임을 상기시키며, 회중이 예배자로서의 소명을 깨닫도록 이끈다.

ⓒ 예배의 모범이 되는 영적 본

하나님께서는 아론의 자손과 레위 지파를 선택하여 제사를 섬기게 하셨고, 그들을 통해 예배자의 모범을 보이게 하셨다. 찬송 인도자는 예배자이자 인도자로서 회중에게 영적 본보기가 되어야 하며, 찬송을 고백으로만 두지 않고 삶으로 증거해야 한다. 인도자의 삶에서 찬송의 의미가 드러날 때, 그 진정성은 회중에게 큰 영향을 미친다.

ⓓ 예배 음악을 세속적 음악과 구별하는 역할

현대 교회는 세속화의 도전에 직면해 있으며, 교회 음악에도 세속적이거나 명상적 성향의 음악이 사용되기도 한다. 예배 음악은 하나님을 경배하기 위한 도구이며, 인간의 쾌락만을 위한 것이 아니다. 출애굽 후 이스라엘이 성소와 지성소를 구별하여 사용한 것처럼, 찬송 인도자는 예배에 적합한 음악을 선별하여 예배의 거룩함을 유지해야 한다.

ⓔ 회중이 하나님의 현현을 경험하도록 이끄는 역할

지성소의 언약궤는 하나님의 임재와 능력을 상징하며, 그곳에서 하나님은 그의 백성에게 현현하셨다. 찬송 인도자는 찬송을 통해 회중이 하나님의 임재를 경험하고 영적 깊이를 더할 수 있도록 인도한다. 찬송의 가사와 멜로디를 통해 회중이 거룩한 찬송의 옷을 입고 하나님을 깊이 체험하도록 돕는 것이 찬송 인도자의 중요한 역할이다.

이 다섯 가지 역할을 통해 찬송 인도자는 회중과 함께 하나님의 임재 안으로 들어가며, 예배의 깊이를 더할 수 있다.

〈요점〉

찬송 인도자는 회중이 하나님의 자녀라는 신분과 예배자로서의 정체성을 깨닫도록 돕는다. 예배자이자 인도자로서 영적 본보기가 되어, 회중에게 신앙적 모범을 보이며 예배의 거룩함을 유지하도록 한다. 찬송을 통해 회중이 하나님의 현현을 경험하도록 인도하며, 예배에서 찬송이 단순한 음악적 요소를 넘어 영적 깊이와 친밀함을 이끌어내는 도구가 되도록 한다.

(2) 신부의 영성

아카펠라 찬송 음악은 밴드나 오케스트라 반주가 있는 찬송보다 단순하고 순수한 음색을 지향하며, '교회 식으로'라는 라틴어 의미처럼 예배의 정결함과 단아함을 반영한다. 아카펠라 찬송 인도자는 이러한 음악적 특성을 이해하고 예배에 반영함으로써, 회중이 하나님께 순수한 찬송을 드릴 수 있도록 인도해야 한다. 이와 같은 의미에서 아카펠라 찬송 인도자는 '신부의 영성'을 갖추어야 한다. 성경에서 신부는 교회를 의미하며(엡 5:31~33), 교회는 그리스도와의 순결한 연합을 위해 준비된 존재로 비유된다.

〈계시록의 신부 이미지에서 배울 수 있는 세 가지 교훈〉

① 천국 소망: 신부가 남편을 기다리는 모습처럼, 교회는 하나님의 나라와 그리스도와의 완전한 연합을 소망한다. 아카펠라 찬송 인도자는 예배에서 천국의 기쁨을 드러내어 회중에게 하나님의 나라에 대한 기대감을 불어넣어야 한다.

② 하나님의 주권 인정: 신부의 순결함은 오직 신랑을 바라보는 데서 나오며, 이는 예배자와 찬송 인도자가 하나님의 은혜와 주권을 온전히 인정하며 예배해야 함을 상기시킨다.

③ 순수한 찬송: 신부는 신랑인 예수 그리스도만을 바라보며 그와 연합한다. 이와 같이 아카펠라 찬송 인도자는 성도들이 세속적 욕망에서 벗어나 오직 하나님만을 찬양할 수 있도록 이끌어야 한다.

[표 1 베드로전서에 나타난 순례자의 삶]

순례자의 삶	세속적인 삶
하나님께 순종한다(1:14~22)	하나님께 반항한다
거룩한 생활을 한다(1:15)	불경건
종으로서 생활한다(2:16; 4:11)	이기적으로 생활한다
기도한다(3:7; 4:7)	하나님을 거절한다
공개하며 투명하게 생활한다 (2:16-; 3:16~17)	속이며 생활한다
선한 일을 실천한다(2:15; 3:16~17)	그릇된 일을 한다
신사적이며 덕망 있게 생활한다(3:15)	사납고 무례하게 생활한다
서로를 깊이 사랑한다(1:22; 4:8)	서로를 미워한다
자신을 다스린다(1:13; 4:7; 5:8)	과도하게 야만적으로 생활한다
겸손하게 생활한다(5:6)	교만하며 거만하다

아카펠라로 교회음악을 노래하다

악을 거절한다(2:11)	악을 수용한다
규칙을 수용한다(2:13, 17)	규칙을 거절한다
죄의 욕망을 다스린다(2:1, 11)	제멋대로 한다
하나님의 뜻을 행한다(4:2)	하나님의 뜻을 거절한다
다른 사람들과 공유한다(4:9)	소유를 독차지 한다
남을 위해 은사를 사용한다(4:10~11)	나눠주길 거부한다

[표 1]에서 보는 바와 같이, 사도 베드로는 순례자의 삶과 세속적인 삶을 대비시키며 성도들이 이 땅을 지나가는 순례자로서 하나님을 따르는 삶을 살아가야 한다고 강조한다. 순례자의 삶은 물질을 소유로 여기지 않고 필요에 따라 이웃과 나누는 삶이며, 초대교회의 성도들이 물질을 공유하고 예수 그리스도의 이름을 최우선으로 자랑한 것처럼(행 2:44~45), 현대 교회 역시 물질보다 예수의 이름을 높이는 공동체가 되어야 한다. 이러한 모습이 곧 교회의 순례자적 신부의 영성을 나타내는 것이며, 아카펠라 찬송 인도자는 성도들이 이러한 영성을 회복하도록 찬송을 통해 이끌어야 한다.

또한, 성경은 교회에서 성직주의를 배제하고, 모든 회중이 예배의 주체임을 분명히 한다. 베드로전서 2장 9절에서는 모든 성도가 하나님 앞에서 예배자로 서 있음을 나타내고 있다. 아카펠라 찬송은 모든 성도가 하나 되어 찬양하는 형태로, 그 누구도 예배의 구경꾼이 되지 않게 한다. 특별 찬송대가 아닌 전체 회중이 한 목소리로 하나님께 찬양을 올리는 아카펠라 예배는, 성도 간의 평등성과 존귀함을 일깨워주는 예배 형태로서의 역할을 한다.

결국, 아카펠라 찬송 인도자는 교회를 하나님 앞에 서는 순결한 신부로 단장하는 역할을 수행하며, 회중이 순례자의 신앙으로 예배와 찬양에 참여할 수 있도록 인도해야 한다.

〈요점〉

아카펠라 찬송은 반주 없이 순수한 음색으로 예배의 정결함을 드러내며, 인도자는 신부의 영성을 갖춰 회중이 하나님께 순수하게 찬양할 수 있도록 도와야 한다. 순례자의 삶을 강조한 사도 베드로의 가르침처럼, 아카펠라 찬송은 모든 성도가 예배에 주체적으로 참여하여 하나님 앞에 서도록 이끈다. 이를 통해 교회는 그리스도와의 순결한 연합을 지향하며, 성도들 간의 평등과 존귀함을 상기시키는 예배를 구현한다.

(3) 삼위 하나님 중심의 영성

삼위 하나님은 예배의 중심이자 찬송의 기초가 되는 핵심 신학적 주제이다. 따라서 찬송 인도자는 삼위 하나님에 대한 깊은 이해를 바탕으로 회중이 함께 찬송을 드릴 수 있도록 이끌어야 한다. 몰트만은 삼위 하나님을 성부와 성자, 성령의 사랑 이야기로 설명하면서, 복음이 삼위 하나님의 역사에서 비롯된 하나님의 자녀들에 대한 사랑임을 강조하였다. 이를 통해 우리는 성부 하나님, 성자 하나님, 성령 하나님 중심의 영성에 대해 살펴볼 수 있다.

(a) 성부 하나님 중심의 영성

성부 하나님은 창조주로서 만물을 만드시고, 하나님의 형상대로 인간을 창조하셨다. 하나님께서 인간을 창조하신 것은 악한 의도가 아니라 그분의 선하고 은혜로운 성품에서 비롯된 것이다. 코츠렐이 제시한 '원은총' 개념은 인간이 타락 이전에 하나님의 은혜 안에서 창조된 존재임을 의미한다. 또한 노아와 아브라함에게 보여주신 무조건적인 약속을 통해 하나님의 은혜가 나타난다. 이러한 은혜는 "값없이 주어진 은혜"로서, 그 배후에는 하나님의 자기 비움과 헌신이 담겨 있다. 성부 하나님에 대한 바른 이해를 통해 찬송 인도자는 회중이 창조주 하나님을 깊이 인식하며 찬송할 수 있도록 도와야 한다.

(b) 그리스도 중심의 영성

그리스도 중심의 찬송은 예수 그리스도의 성육신과 구속 사역에 대한 감사와 믿음을 바탕으로 한다. 웨버는 그리스도 중심 예배를 창조에서의 그리스도의 역할과 타락의 현실을 인식하는 것에서 시작한다고 설명한다. 인간은 창조의 기쁨 속에서 창조되었으나 타락함으로 하나님과 분리되었다. 예수 그리스도는 이 인류를 구원하기 위해 성육신하시고 십자가에서 희생되셨다. 그리스도 중심의 찬송은 이러한 구속 사역을 되새기며, 예배자가 하나님의 사랑과 용서에 초대받았음을 경험하게 한다.

(c) 성령 중심의 영성

성령은 교회와 성도에게 역사하시며, 예배에서 자유와 사랑의 공동체를 경험하도록 인도하시는 분이다. 성령은 그리스도의 구속 사역을 통해 새로운 삶을 창조하시며, 자유와 평등을 주고, 은사를 부여하여 교회가 하나 되도록 하신다. 찬송 인도자는 성령의 인도하심을 구하며, 회중이 성령 안에서 수평적 사랑과 공동체적 일치를 경험하도록 격려해야 한다.

⟨요점⟩

삼위 하나님 중심의 영성은 성부 하나님(창조주), 성자 하나님(구속자), 성령 하나님(인도자)에 대한 깊은 이해를 바탕으로 예배와 찬송의 핵심을 형성한다. 찬송 인도자는 이를 통해 회중이 창조와 구속, 그리고 성령의 인도하심 속에서 하나님과의 깊은 영적 연합을 경험하도록 이끌어야 한다.

(4) 음악성

(a) 예배에서의 음악

음악의 기원에 대해 다양한 학설이 있으나, 예배에서의 음악은 종교적 필요에서 비롯되었다는 점을 주목할 필요가 있다. 인간이 신을 섬기고 평화로운 삶을 추구하는 본능에서 시작된 음악의 종교기원설은, 음악이 예배의 중요한 요소와 목적을 공유한다는 점을 시사한다. 성경 창세기 4장에서는 유발이 수금과 퉁소를 연주하여 음악의 시초가 되었음을 언급하며, 이는 성경이 음악을 신적 창조의 일부로 이해하고 있음을 보여준다. 또한 출애굽기 15장에는 모세와 이스라엘 백성들이 하나님께 드린 최초의 찬양이 기록되어 있는데, 이는 음악이 하나님을 찬양하는 도구로 사용되기를 바라는 하나님의 뜻을 나타낸다.

음악성은 음악적 소질, 재능, 능력으로 설명되며, 이는 선천적인 능력뿐만 아니라 후천적으로도 발전할 수 있는 요소로 이해된다. 예를 들어, 청음 능력, 연주 능력, 창작 능력 등은 모두 음악성을 구성하며, 교육을 통해 발전될 수 있다. 이는 누구나 하나님을 찬송하기에 필요한 음악성을 지니고 있으며, 교회의 음악 교육을 통해 이를 더욱 효과적으로 발휘할 수 있음을 시사한다.

화이트(James F. White)는 "예배에서 사용하는 음악은 회중의 생각과 말과 행동에 더욱 강렬함을 줄 수 있다"고 하였고, 랭거(Suzanne Langer)는 음악이 언어로 표현할 수 없는 느낌의 차원을 전달하여 회중이 더욱 깊이 참여하도록 돕는다고 설명하였다. 예배에서의 음악은 단순한 음성의 전달을 넘어서, 하나님과의 교제를 더욱 감동적으로 만든다. 이를 위해 찬송 인도자는 예배의 흐름과 내용에 맞춰 음악적 요소들을 적절히 사용함으로써, 회중이 예배를 더욱 풍성하게 경험할 수 있도록 도와야 한다.

음악의 기초적 요소는 음정(Pitch), 화성(Harmony), 리듬(Rhythm)으로 구분된다. 음정은 소리의 높고 낮음을 조절하여 음악의 구조를 만들고, 화성은 여러 소리를 조화롭게 결합하여 풍성함을 더하며, 리듬은 시간의 흐름에 따라 소리를 배열하여 예배 찬송에 활기를 불어넣는다. 찬송 인도자는 이러한 음악적 요소에 대한 기본 이해와 활용 능력을 갖추

고, 음악에 대한 감수성, 창작력, 상상력을 통해 예배 찬송의 깊이를 더할
수 있어야 한다.

〈요점〉

예배에서 음악은 하나님께 드리는 찬양의 핵심 요소로, 음악적 요소와
표현력이 예배의 깊이와 풍성함을 더하며, 찬송 인도자는 회중이 이를 통
해 하나님과 깊은 교제를 나눌 수 있도록 인도해야 한다.

(b) 시창 능력(Sight-Singing)과 청음 능력(Ear-Training)

코다이(Zoltan Kodaly)는 "글을 읽을 수 없는 사람이 지식을 얻기 어려
운 것처럼, 악보를 읽지 못하면 음악에 대한 이해도 제한된다"고 강조하
였다. 시창은 악보를 보며 곧바로 노래하는 능력으로, 작곡자가 악보에
기호로 기록한 '선율', '음의 높이와 낮이', '리듬', '박자', '셈여림' 등을 해석
하고 표현하는 데 필수적이다. 시창 능력은 찬송 인도자에게 요구되는
기본적인 역량으로, 악보에 담긴 음악적 표현을 정확하게 해석하고 회중
과 소통할 수 있도록 돕는다.

청음(Ear-Training)은 '리듬', '선율', '화성', '음정' 등을 듣고 이를 악보에
기록할 수 있는 능력으로, 음악을 통합적으로 이해하고 표현하는 데 필수
적인 훈련이다. 청음 훈련은 음을 듣고 즉각적으로 악보로 옮기는 능력
을 향상시키며, 선천적으로 뛰어난 청음 능력을 가진 사람도 있지만, 꾸
준한 연습을 통해 누구나 청음 능력을 발전시킬 수 있다. 특히 청음에는
'절대음감'과 '상대음감'의 차이가 중요한데, 절대음감은 특정 음을 고유하

게 인식하여 클래식 연주에 유리하고, 상대음감은 음 사이의 간격을 인식하여 조바꿈과 즉흥 연주가 많은 실용음악과 교회음악에 적합하다.

일상에서 들리는 소리를 악보에 적어보는 훈련이나 악기 연습, 합주 등은 청음 능력 향상에 효과적이다. 청음은 집중력과 기억력에 큰 영향을 받으며, 찬송 인도자가 이를 잘 연습할 경우 회중에게 더욱 풍성한 음악적 경험을 제공할 수 있다.

〈요점〉
시창과 청음 능력은 찬송 인도자가 악보를 해석하고 음악적 표현을 회중과 소통하는 데 중요한 요소로, 꾸준한 훈련을 통해 예배에서 풍성한 음악 경험을 선사할 수 있게 한다.

(c) 아카펠라 찬송을 위한 기초 악전(Musical Grammar)

기초 악전(Musical Grammar)은 대체로 기보법의 음악적 어휘를 말하며, 기초 음악 이론 등이 포함된다. 악전은 음악적 아이디어를 소통하기 위한 약속된 음악 언어다. 악전은 일반적으로 사용하는 오선 보표[8]의 사용법과 음자리표[9]에 대한 이해가 있어야 활용할 수 있다. 아카펠라 찬송 악보는 기본적으로 2단으로 이루어져 있다. 윗단은 높은음자리표를 사용하여 소프라노와 알토를 기록하고, 아랫단은 낮은음자리표를 사용하여

---

8) 다섯 개의 선과 네 개의 간격으로 이루어진 것을 오선이라 하며, 음표를 표시할 때 이것을 오선 보표라고 한다.
9) 음자리표는 현재 교회음악에서는 높은음자리표와 낮은음자리표, 2가지의 자리표를 사용한다.

테너와 베이스를 기록하지만 바리톤도 함께 기록하기도 한다. C Major 조성일 때 높은음자리표는 아래 첫째 덧줄이 '도'이고, 낮은음자리표에서는 둘째 '간(Space)'이 '도'이다. 조성은 음자리표 옆에 표기하며 총 12개로 '#(샵)'과 'b (플랫)'을 사용하여 곡에 알맞은 조성을 표기한다.[10] "박자표는 박자가 바뀌지 않는 한, 곡의 시작 부분에서 한 번만 표시해 주며, 보표 모든 곳에 박자표가 표기된다." 아카펠라 찬송에 주로 사용하는 박자는 '2박 계열'과 '3박 계열' 그리고 '4박 계열' 등이 있다. 그리고 음표는 기둥의 모양에 따라 '온음표(𝅝)', '2분음표(𝅗𝅥)', '4분음표(♩)', '8분음표(♪)', '16분음표(♬)' 등을 사용하여 음의 길이를 나타낸다. 쉼표는 음표에 대응하여 같은 길이만큼 쉬어주는데, 쉼표의 이름은 '온쉼표(▬)', '2분쉼표(▬)'… 등으로 표기한다. 또한 음 길이는 '점(.)'을 사용하여 원음 길이의 $\frac{1}{2}$ 길이로 늘려주게 된다. 겹점음표(··)도 가끔 사용하지만 교회음악에는 거의 사용하지 않는다. 곡 중간에 '화성의 변화', '조성의 변화' 등에 상황 때문에 선율에 변화가 올 경우 '#'이나 'b'을 이용해서 반음 올리거나 내리는데 이것을 임시표라고 부르며 임시표는 표기된 마디 안에서만 유효하다. 또한 붙임줄(Tie)과 같은 기호를 사용하여 마디 내, 혹은 마디와 마디 사이에 음표를 연이어 사용한다. 또한 일반적으로 찬양곡에서는 셋잇단음표(Triplet) 이외에는 사용하지 않는다. 셋잇단음표는 민음표의 3분할로서 정 배수 2분할과 4분할 사이의 분할이므로 앞 2분할의 음표와 '3'의 숫자로 표기한다. 아카펠라 찬송 악보의 경우 클래식 악보의 방대한 기호 사용과 다르게 소수의 기호들만 사용하고 있다.

---

10) 12개의 조는 딴 이름 한소리조에 의해 3개가 더해 총 15개로 보기도 한다.

빠르기의 경우 'M.N. ♩ = 120' 또는 'Tempo = 120', 또는 '♩ =120'로 표기한다. 이는 메트로놈 속도에 준한다. 기호 중 자주 사용하는 것은 도돌이표이다. D.C. al Fine은 처음으로 돌아가 Fine(피네)에서 곡을 마치라는 뜻이고, D.S.(Dal Segno)는 '𝄋(세뇨)' 표로 돌아가라는 뜻이다. 일반적으로 남성은 테너와 베이스 여성은 소프라노와 엘토를 부른다. 하지만 아카펠라 찬양곡에서 소프라노는 주선율을 담당하기 때문에 여성만 담당하지는 않는다. 소프라노 파트는 다른 파트에 비해 2~3배 이상 많은 인원이 불러야 회중 찬송에서 찬송 멜로디가 윤각을 드러낼 수 있다. 일반적으로 소프라노의 음역대는 '영어 표기'[11]로 'c1'부터 'a2'이며 엘토는 'f'에서 'd2'이다. 테너의 범위는 'c'부터 'a1'이며 베이스는 'F'에서 'd1'이다. 아카펠라 찬송에 쓰이는 장르에 따라 리듬의 변화가 생긴다. 장르에는 'Blues', 'Jazz', 'Country', 'Rhythm and Blue', 'Folk Music', 'Reggae', 'Disco', 'Rock', 'Pop', 'Ballad' 등이 있다.

아카펠라 찬송 인도자는 이러한 음악적 기초를 이해하고 회중을 이끌어야 하며, 음악적 기본 소양을 갖춘 리더로서 예배에 깊이 있는 찬송을 도모할 수 있다.

---

11) 음역대의 '영어 표기'는 다음과 같다.

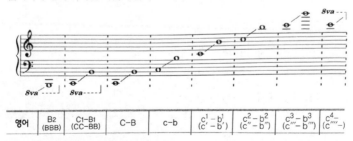

영어	B2 (BBB)	C1–B1 (CC–BB)	C–B	c–b	$c^1 – b^1$ ($c' – b'$)	$c^2 – b^2$ ($c'' – b''$)	$c^3 – b^3$ ($c''' – b'''$)	$c^4 –$ ($c'''' –$)

〈요점〉

기초 악전은 아카펠라 찬송 인도자가 찬송곡의 악보를 정확히 이해하고 회중에게 풍성한 음악적 경험을 제공하는 데 필요한 음악적 기초이며, 다양한 기호와 리듬, 장르를 이해하고 효과적으로 활용하는 능력이 중요하다.

지금까지의 각 챕터의 요점은 다음과 같다.

(1) 찬송 인도자의 영성: 예배자의 자세

(a) 좋은 예배의 특성과 찬송 인도자의 역할: 좋은 예배는 하나님께 대한 경외와 진실한 마음에서 비롯된다. 찬송 인도자는 이러한 예배의 특성을 이해하고, 회중이 진정한 예배자로 나아가도록 돕는 역할을 한다.

(b) 예배에서 찬송 인도자의 영적 역할: 찬송 인도자는 단순히 노래를 인도하는 것이 아니라, 영적 리더로서 회중을 이끌고 예배의 본질에 집중할 수 있도록 한다.

(2) 신부의 영성

신부의 영성은 성경에서 교회를 신부로 비유한 것처럼, 교회가 그리스도와의 순결한 연합을 지향하는 영적 자세를 갖추는 것을 의미한다. 찬송 인도자는 이 순수한 영성을 바탕으로 예배를 인도해야 한다.

(3) 삼위 하나님 중심의 영성

(a) 성부 하나님 중심의 영성 : 창조주이신 성부 하나님에 대한 이해와 그분의 은혜에 감사하며 찬송한다.

아카펠라로 교회음악을 노래하다

(b) 그리스도 중심의 영성: 예수 그리스도의 구속 사역과 성육신을 기억하며, 찬송을 통해 죄인들을 초대하고 용서를 전하는 자로서의 역할을 수행한다.

(c) 성령 중심의 영성: 성령의 인도하심을 통해 자유와 공동체적 사랑을 경험하도록 돕는다. 찬송 인도자는 성령의 역사하심을 찬양 속에서 드러내며, 회중이 성령 안에서 찬양할 수 있도록 인도한다.

(4) 음악성

(a) 예배에서의 음악: 음악은 예배에서 인간의 생각과 감정을 표현하는 중요한 수단이다. 찬송 인도자는 예배에 적합한 음악을 선택하여 회중이 음악을 통해 신앙을 표현할 수 있도록 한다.

(b) 시창 능력과 청음 능력: 찬송 인도자는 시창 능력과 청음 능력을 갖추어 찬송의 정확성과 깊이를 더해야 한다.

(c) 아카펠라 찬송을 위한 기초 악전: 아카펠라 찬송에 필요한 기초 악전 이해는 찬송 인도자로서의 음악적 소양을 기르며, 악보 표기법과 기본 음악 이론이 포함된다.

① 찬송 인도자는 단순히 노래를 인도하는 것이 아니라 영적 리
더로서의 역할도 맡는다.   (Yes/No)

② 신부의 영성은 교회가 순결한 영적 자세로 예배를 드리도록
돕는 것이다.   (Yes/No)

③ 삼위 하나님 중심의 영성에는 성부 하나님, 예수 그리스도, 성
령에 대한 이해가 포함되지 않는다.   (Yes/No)

④ 시창과 청음 능력은 찬송 인도자의 음악성에 필수적이다.   (Yes/No)

⑤ 아카펠라 찬송을 위해서는 기초 악전 이해가 불필요하다.   (Yes/No)

⑥ 예배에서 찬송 인도자의 영적 역할은 주로 무엇에 중점을 두는가?
   a) 회중을 영적으로 이끌고 예배의 본질에 집중하도록 돕는 것
   b) 단순히 음악을 연주하는 것

⑦ '삼위 하나님 중심의 영성' 챕터에서 성령 중심의 역할이 무엇이라고 했는가?
   a) 공동체적 사랑과 자유를 경험하도록 돕는 것
   b) 예배에서 신부의 영성을 강조하는 것

⑧ 음악성이 예배에서 중요한 이유는 무엇인가?
   a) 인간의 감정을 표현하고 신앙을 드러낼 수 있기 때문
   b) 음악을 통해 단순히 엔터테인먼트를 제공하기 때문

⑨ 신부의 영성은 교회가 그리스도와의 (   )한 연합을 지향하는 영적 자세를 갖
추는 것을 의미한다.

⑩ 예배에서의 음악은 인간의 (   )과 감정을 표현하는 중요한 수단이다.

* 모범 답안 239페이지 참조

2. 찬송 인도자의 리더십

리더십 전문가 존 맥스웰(John Maxwell)은 리더십을 '영향력(Influence)'으로 정의하며, 그 힘을 강조한다. 이를 이어 문병하는 가리 윌스(Garry Wills)의 리더십 정의에 동의하며, 영적 리더십을 "교회의 목표를 달성하기 위하여 교회 내 사람들에게 안내와 방향을 제시하고 영향력을 발휘하는 모든 것들"로 설명한다. 진정한 지도자는 길을 알고 그 길을 직접 걸으며 다른 이들에게 그 길을 제시하는 사람이다.

찬송 인도자는 단순히 음악을 연주하는 사람을 넘어서, 예배의 본질을 이해하고 하나님께 올바르게 찬양할 수 있도록 인도하는 지도자의 역할을 수행해야 한다. 현대 교회의 예배에서는 세속적 요소가 혼합된 음악 스타일이 점차 도입되고 있으며, 이에 대해 웨버는 "젊은이들이 음악이 주도하는 예배에 대해 의문을 품기 시작했다"고 지적하였다. 이러한 상황에서 찬송 인도자는 예배와 찬송에서 세속적이고 인본주의적인 요소를 분별하고 제거할 수 있는 리더십을 발휘해야 한다.

본 챕터는 찬송 인도자의 리더십이 문화, 커뮤니케이션, 그리고 크리스천 리더십 측면에서 어떻게 발휘되어야 하는지 살펴보고, 예배 찬송을 인도하는 자로서의 소명과 책임을 조명할 것이다.

(1) 문화와 리더십

H. 리처드 니버(H. Richard Niebuhr)는 문화를 "인간 활동의 전 과정과 그 활동의 전체 결과"라고 정의하며, 문화는 우리가 살아가는 환경이자 삶의 모습 자체로 설명된다. 문화는 라틴어 'Cultus'에서 유래한 것으로, 본래 '밭을 갈아 경작하다'라는 의미에서 시작하여 '가치를 창조하다'의 의미로 확장되었으며, 넓게는 특정 사회 구성원이 공유하는 생활양식을 의미한다. 에드워드 타일러(Edward Tylor)는 문화를 "지식, 신앙, 예술, 법률, 도덕, 관습 등 인간이 획득한 다양한 능력이나 습관의 복합체"로 정의하면서, 문화의 다차원적 속성을 강조한다.

문화에 따라 리더십의 형태도 다양할 수 있으며, 리더십은 사역 현장에서 문화에 따라 적절하게 발휘되어야 한다. 김광건 교수는 이를 "리더십의 상황화(Contextualization of Leadership)"라고 정의하며, 찬송 인도자 또한 자신이 속한 교회의 문화에 맞는 리더십을 발휘해야 한다고 강조한다. 예를 들어, 미국의 아카펠라 찬송 문화에서 백인 아카펠라 교회는 성부의 조화를 중요시하여 악보에 충실한 찬송을 선호하며 정숙함을 중시하지만, 흑인 아카펠라 교회는 소울(Soul)과 셔플 바운스 리듬을 강조하고 즉흥적 찬송 방식을 활용하여 찬송의 활기를 더한다. 이처럼 찬송 인도자는 교회의 문화적 특수성을 이해하고 상황에 맞는 리더십을 통해 예배를 효과적으로 이끌어가야 한다.

〈요점〉

찬송 인도자는 교회의 문화적 특성을 이해하고 세속적 요소를 분별할

아카펠라로 교회음악을 노래하다

수 있는 리더십을 발휘함으로써, 예배와 찬송을 통해 성도들이 바른 영적 방향으로 나아갈 수 있도록 인도해야 한다.

(2) 커뮤니케이션과 리더십

커뮤니케이션의 어원은 라틴어 "communis"에서 유래하였으며, 이는 '공통' 또는 '공유'를 의미한다. 커뮤니케이션은 정보와 경험을 공유하여 상호 간의 일치와 연합, 공감을 이루는 행위를 뜻한다. 성경에서도 커뮤니케이션의 모델을 찾아볼 수 있는데, 첫 번째 모델은 삼위일체로, 어거스틴은 성부, 성자, 성령이 하나의 본체로서 서로 밀접하게 소통한다고 설명한다. 두 번째 모델은 성육신 사건으로, 요한복음 1장 14절의 "말씀이 육신이 되어 우리 가운데 거하시니"는 하나님께서 인간과 소통하기 위해 취하신 행위를 나타낸다. 이러한 성경적 모델을 바탕으로 찬송 인도자가 가져야 할 다섯 가지 커뮤니케이션 원리를 살펴볼 수 있다.

첫째는 기독교적 신앙에 기반한 커뮤니케이션이다. 찬송 인도자는 성경, 교회, 기독교 문화에 대한 신앙적 이해를 바탕으로 성도들과 소통해야 한다. 이는 회중의 영적 상태를 파악하고, 그들의 신앙과 마음에 부합하는 찬송을 인도할 수 있도록 돕는다.

둘째는 상호 공감적 커뮤니케이션이다. 찬송 인도자는 회중과 공감할 수 있도록 자신을 조율해야 하며, 예배의 주인공은 오직 하나님임을 기억해야 한다. 상호 공감적 커뮤니케이션은 하나님을 중심으로 모든 이들이 그분을 바라볼 때 이루어진다.

셋째는 찬송곡 자체의 커뮤니케이션 역할이다. 찬송 인도자는 찬송을 자신의 목적에 이용하지 않고, 찬송의 멜로디와 가사가 전하는 메시지를 충실히 전달해야 한다. 찬송곡 자체가 커뮤니케이션의 도구로 사용될 때 그 의미를 효과적으로 전달할 수 있다.

넷째는 찬송과 설교의 조화이다. 찬송과 설교는 예배의 큰 틀에서 연결되어 있으며, 동일한 주제를 다룰 때 예배의 집중과 공감을 효과적으로 이끌어낼 수 있다. 예를 들어, 설교가 십자가를 주제로 할 때, 찬송도 같은 주제를 다루어 회중의 몰입을 높일 수 있다.

다섯째는 사랑을 바탕으로 한 커뮤니케이션이다. 커뮤니케이션의 근본은 사랑이며, 그리스도의 사랑이 그 근거가 된다. 찬송 인도자는 그리스도의 사랑을 통해 회중과 함께 찬송하고, 이 사랑이 커뮤니케이션의 동력이 되어야 한다.

이와 같이 찬송 인도자는 회중과의 소통을 통해 예배에서 하나님을 중심으로 한 진정한 연합과 공감을 이루어야 한다.

〈요점〉

찬송 인도자는 성경적 커뮤니케이션 원칙을 바탕으로 기독교 신앙에 맞는 소통을 실천하며, 공감과 사랑을 통해 회중과의 연합을 이루어 예배에서 하나님의 중심성을 강화해야 한다.

(3) 크리스천 리더십

크리스천 리더십은 하나님 앞에서의 고백과 헌신을 바탕으로 한 영적 지도력으로, 그리스도가 주인임을 인정하고 하나님의 부르심에 헌신하는 것에서 시작된다. 이러한 리더십을 수행하는 데 필요한 세 가지 영적 자질은 기다림의 영성, 공동체의 영성, 그리고 건전한 생활양식의 영성이다.

첫째는 기다림의 영성이다. 사역의 현장은 종종 지치고 어려운 상황을 맞이하기 때문에 찬송 인도자는 하나님의 뜻에 따라 자신의 뜻을 내려놓는 자세로 하나님과의 시간을 가져야 한다. 기다림의 영성은 단순한 인내를 넘어 하나님의 일하심을 소망하는 데 있다.

둘째는 공동체의 영성이다. 사역은 혼자서 이루어질 수 없으며, 교회 공동체는 사역자가 자신의 모습을 직면하고 성장할 수 있도록 돕는다. 찬송 인도자는 공동체와 깊이 연합하여, 공동체가 하나님의 나라로 확장된다는 믿음 속에서 영적 관계를 형성해야 한다. 문병하의 견해에 따르면, 크리스천 리더십은 공동체를 선한 영향력으로 이끌어 하나님의 나라를 이루는 지도력이다.

셋째는 건전한 생활양식의 영성이다. 건강한 사역을 위해 찬송 인도자는 일상에서 건강한 생활을 유지하며, 이를 통해 깊이 있는 영성을 발휘할 수 있다. 웨버는 사역자들이 변화를 서두르지 않고 회중이 예배의 중심으로 나아갈 수 있도록 기도하며 열정을 유지할 것을 강조하였다.

크리스천 리더십의 중심에는 십자가가 있으며, 사역자는 이 정체성에 대한 확고함을 가져야 한다. 웨버는 리더십이 단순히 "무엇을 하느냐가 아니라 어떤 사람이냐에 관한 문제"임을 상기시키며, 찬송 인도자는 자신의 음악성과 감수성보다는 십자가에 깊이 뿌리내려야 한다고 강조한다. 이 지도력은 회중에 대한 사랑에서 비롯되어야 하며, 동역자들에게 헌신을 권면하되, 그 헌신이 그리스도에게로 향하도록 유도해야 한다.

찬송 인도자는 헌신의 목표가 리더 개인이 아닌 그리스도라는 점을 항상 유념하며, 회중과 공동체를 그리스도께 인도하는 리더십을 실천해야 한다.

(a) 서번트 리더십

성경에서 가장 보편적이고 강력하게 제시되는 리더의 이미지는 섬기는 종(서번트)이다. 서번트 리더십은 로버트 그린리프(Robert K. Greenleaf)가 1960년대 후반 대학 내 학생운동의 혼란 속에서 대학 구성원들과의 상담 과정을 통해 개념을 발견하며 널리 알려지기 시작했다. 1970년, 그린리프는 *리더로서의 서번트*라는 에세이를 출판하면서 이 개념을 구체화하였다.

서번트 리더십은 성경적 리더십의 모델과도 맞닿아 있으며, 그린리프는 서번트 리더십에서 중요한 10가지 특성을 제시하였다. 대표적인 요소로는 ① 경청, ② 공감, ③ 치유, ④ 자각, ⑤ 설득, ⑥ 개념화, ⑦ 선견지명, ⑧ 청지기 정신, ⑨ 헌신, ⑩ 지역을 섬김이 있다. 여기서 자각은 자신을 돌아보는 능력을, 개념화는 장기적 목표로 이끄는 리더십을, 선견지명은 미래를 내다보는 능력을, 청지기 정신은 맡겨진 사명과 책임감을, 헌신은 성도를 세우고 일꾼으로 성장시키는 것을 의미한다.

아카펠라로 교회음악을 노래하다

교회 사역에 서번트 리더십을 적용하는 과정에서 문병하는 리더십 개발의 필요성을 강조하였다. 교회 지도자는 그리스도 안에서 자신의 정체성을 확립하고 사명을 발견하여, 이를 기반으로 공동체에 명확한 비전을 제시할 수 있어야 한다. 리더는 분명한 목표와 비전을 통해 교회를 인도해야 하며, 자신이 모르거나 가보지 않은 길을 타인에게 요구할 수 없다.

서번트 리더십의 또 다른 중요한 요소는 팀 구성과 역할의 유기적 분담을 통해 균형 있는 사역 공동체를 이루는 것이다. 리더는 솔선수범하여 공동체가 영적, 양적 성장을 경험하도록 이끌어야 하며, 겸손하게 자신을 돌아보고 타인을 섬기는 자세를 유지한다. 문병하는 또한 서번트 리더가 분주함 속에서도 고요함을 찾고, 그 가운데 내면적 안정을 확보하는 것이 중요함을 강조하였다. 이러한 고요함 속에서 자신을 돌아보고 계획할 여유와 시야를 가지게 되며, 하나님께 집중하는 시간을 마련할 수 있다.

서번트 리더는 자신의 사역에서 하나님의 일하심을 기대하며 그분께 집중하는 리더십을 발휘해야 한다. 궁극적으로 일의 결과가 우리에게 달려 있지 않음을 인정할 때, 타인을 품고 섬기는 진정한 서번트 리더십이 완성된다(고린도전서 3:6).

〈요점〉

서번트 리더십은 성경적 리더십 모델로, 경청, 공감, 자각, 청지기 정신 등의 특성을 포함하며 공동체를 섬긴다. 교회 지도자는 그리스도 안에서 정체성과 사명을 확립하고, 고요함 속에서 하나님께 집중하는 자세로 공동체를 이끌어야 한다.

(b) 멘토링

멘토링의 기원은 고대 그리스 신화에서 유래하였다. 그리스의 시인 호머(Homer)의 오디세이에서는 오디세우스가 전쟁에 참전하는 동안, 그의 아들 텔레마쿠스를 양육한 멘토라는 인물이 등장한다. 이 이야기에서 '멘토'는 지도자이자 조력자로 자리 잡게 되었다. 현대에 이르러 멘토는 "경험과 연륜을 바탕으로 상대방의 잠재력을 이끌어 꿈과 비전을 성취하도록 돕는 조력자"로 정의된다. 멘토와 멘티의 관계에서 이루어지는 멘토링(Mentoring)은 단순한 교육을 넘어 인생의 여정을 함께 걸어가는 지속적인 지원과 동행을 의미한다. 찬송 인도자는 단순히 음악을 통해 예배를 인도하는 역할을 넘어 성도들에게 영적인 멘토가 되어, 그들이 예배와 일상에서 찬송의 고백을 실천할 수 있도록 돕는 역할을 해야 한다.

성경에는 다양한 멘토링의 사례가 있다. 모세와 여호수아, 엘리야와 엘리사, 예수님과 제자들, 아나니아와 바울, 바울과 디모데 등 이 모든 관계는 멘토링을 통해 하나님 나라를 확장시키는 공통점을 지닌다. 멘토링은 단순한 교육과 훈련을 넘어서 사람을 세우는 과정이며, 찬송 인도자도 때로는 멘티로서 멘토링을 받는 자세를 유지하며 성장해야 한다.

파이퍼(John Piper)는 교회 사역의 직업화에 대한 경계심을 표하며, 사역자에게 기도와 애통의 마음이 우선임을 강조하였다. 찬송 인도자는 자신의 사역이 단순히 직업화되지 않도록 주의하며, 하나님과 성도들 사이에서 영적 관계를 맺어가는 역할에 집중해야 한다. 또한, 리더십의 본질은 섬김과 이끌음의 균형에 있으며, 예수님께서 제자들의 발을 씻기신 모습(요한복음 13:14)은 그 모범이라 할 수 있다. 찬송 인도자는 그리스도를 본받아 섬기고 인도하는 영적 활동을 최우선으로 삼아야 한다.

〈요점〉

멘토링은 상대방의 잠재력을 이끌어내는 조력 관계로, 찬송 인도자는 성도들에게 영적 멘토가 되어 예배와 일상에서 신앙을 이끌 수 있도록 돕고, 그리스도의 섬김과 인도함을 따라야 한다.

지금까지의 각 챕터의 요점은 다음과 같다.

(1) 문화와 리더십

찬송 인도자는 교회의 문화적 특수성을 이해하고, 세속적 요소를 분별하며 상황에 맞는 리더십을 발휘해 예배와 찬송을 통해 성도들이 올바른 영적 방향으로 나아가도록 인도해야 한다.

(2) 커뮤니케이션과 리더십

성경적 커뮤니케이션 원칙을 바탕으로 찬송 인도사는 기독교 신앙에 맞는 소통을 실천하며, 공감과 사랑을 통해 회중과의 연합을 이루어 예배에서 하나님의 중심성을 강화해야 한다.

(3) 크리스천 리더십

찬송 인도자는 그리스도 안에서 자신의 정체성과 사명을 확립하고, 기다림과 공동체, 건전한 생활을 통해 영성을 실천하며, 회중을 그리스도께 인도하는 리더십을 발휘해야 한다.

(a) 서번트 리더십: 서번트 리더십은 경청, 공감, 자각, 청지기 정신 등의 특성을 포함하며, 교회 지도자는 그리스도 안에서 정체성을 확립하고 고요함 속에서 하나님께 집중하는 자세로 공동체를 섬기며 이끌어야 한다.

(b) 멘토링: 멘토링은 상대방의 잠재력을 이끌어내는 조력 관계로, 찬송 인도자는 성도들에게 영적 멘토가 되어 예배와 일상에서 신앙을 이끌 수 있도록 돕고, 그리스도의 섬김과 인도함을 따라야 한다.

① 찬송 인도자는 교회의 문화적 특수성을 이해하고 리더십을

　발휘해야 한다.　　　　　　　　　　　　　　　　　　　　　(Yes/No)

② 크리스천 리더십은 교회의 목표가 아닌 개인의 목표 달성을

　위한 리더십을 강조한다.　　　　　　　　　　　　　　　　　(Yes/No)

③ 서번트 리더십은 청지기 정신을 중요한 특성으로 포함한다.　　(Yes/No)

④ 찬송 인도자의 커뮤니케이션은 성경적 원칙에 기반하여 공감

　과 사랑을 실천해야 한다.　　　　　　　　　　　　　　　　(Yes/No)

⑤ 멘토링 관계에서는 단순한 교육을 넘어 영적 멘토로서 동행

　하는 것이 중요하다.　　　　　　　　　　　　　　　　　　　(Yes/No)

⑥ 찬송 인도자가 발휘해야 하는 리더십의 한 유형은 다음 중 무엇인가?

　a) 서번트 리더십

　b) 개인주의 리더십

⑦ 서번트 리더십에서 중요한 특성 중 하나로, 스스로를 돌아보는 능력을 뜻하는 것

　은 무엇인가?

　a) 자각

　b) 헌신

⑧ 커뮤니케이션의 어원인 "communis"는 무엇을 의미하는가?

　a) 개별

　b) 공유

⑨ 찬송 인도자는 공동체와 깊이 연합하여 (　　　)를 형성해야 한다.

⑩ 멘토링의 기원은 고대 (　　　) 신화에서 유래되었다.

* 모범 답안 239페이지 참조

III

아카펠라 찬송 인도자가
갖춰야 할 관점

1. 좋은 찬송 인도자의 관점

(1) 문화적응 현상과 예언자적 사명: 브루그만을 중심으로

세계적인 구약학자 브루그만(Walter Brueggemann)은 그의 저서 '예언자적 상상력'에서, 모세와 이스라엘 백성이 바로의 통치 아래 있는 애굽 제국에 대항하여 대안적 공동체로 기능했다고 설명한다. 그는 "정적인 승리주의 종교와 억압과 착취의 정치에 대한 결탁 관계를 이해하지 못한다면, 예언자적 상상력의 의미를 제대로 파악할 수 없다"고 주장한다. 성경적 예언은 단순히 미래를 예견하는 것이 아니라, 현 상황을 지배하는 문화와 그 인식에 대한 비판과 대안적 의식을 제시하는 것이다.

브루그만은 교회가 세속적 가치관과 타협할 때 신앙의 본질이 희석될 위험이 있음을 경고하며, 이를 "문화적응(Enculturation)" 현상이라 지적한다. 찬송 인도자는 찬송의 현장이 이러한 문화적응의 영향을 받을 수 있음을 인식하고, 성경적 찬송의 원리와 메시지가 유지되도록 주의해야 한다. 브루그만은 세속 문화에 길들여진 공동체가 그 문제를 인식하지 못하는 상태에 놓여 있음을 지적하며, 찬송 인도자는 찬양의 내용이 인간적인 감정이나 세속적 메시지로 흐르지 않도록 경계해야 함을 강조한다.

특히 현대 교회의 찬송은 인본주의적 경향과 세속 언어의 사용으로 인해 오락적 형태로 변질될 위험이 있다. 이러한 상황에서 찬송 인도자는 단순히 음악적 형식의 문제를 해결하는 것 이상으로 예배가 하나님 나라의 대안적 가치를 반영하고 성도들이 하나님 앞에서 진정한 경배와 영적

아카펠라로 교회음악을 노래하다

회복을 경험할 수 있도록 인도해야 한다.

브루그만은 절망적인 상황에서도 하나님의 구원과 회복의 가능성을 선포하는 것이 예언자적 사명이라고 강조한다. 예언자는 어둡고 절망적인 상황을 넘어, 하나님께서 여전히 일하고 계심을 사람들에게 전해야 한다. 따라서 찬송 인도자는 세속 음악이 주지 못하는 영적 깊이와 진리의 의미를 찬송에 담아, 성도들이 예배를 통해 하나님의 구원과 약속을 경험하도록 인도해야 한다. 이는 단순한 음악적 감동을 넘어 하나님께서 역사하시는 새로운 현실을 선포하는 예언자적 역할을 수행하는 것이다.

〈요점〉

찬송 인도자는 성경적 찬송의 원리를 지키며 예배를 통해 하나님 나라의 가치를 드러내고, 성도들이 하나님의 구원과 회복을 경험할 수 있도록 인도해야 한다.

(2) 찬송과 은유와 상상력의 역할

찬송은 다양한 은유와 상징으로 가득 차 있다. 은유는 단순한 언어 표현이 아닌, 이미지를 통해 깊은 의미를 전달하는 방식이다. 인간은 상징적 존재로서 언어를 사용해 사고하고, 해석하며, 예배와 예술 활동 속에서 이미지를 만들고 이를 활용한다. 은유는 단순한 표현 이상의 예언적 요소를 지니며, 이를 통해 우리는 과거를 해석하고 현재를 이해하며 창조적 역할을 통해 미래를 바라볼 수 있다.

상상력은 신앙의 필수 요소이며, 성숙한 신앙은 상상력을 통해 가능해진다. 따라서 찬송 인도자는 회중이 기독교적 상상력을 풍성히 경험할수 있도록 이끌어야 한다. 찬송의 가사에 담긴 은유적 표현이 회중에게감동을 줄 수 있도록 돕는 것도 찬송 인도자의 중요한 역할이다.

사람들의 사고를 지배하는 개념은 지성만의 산물이 아니다. ① 은유는시적 상상력과 수사적 깊이를 담아내는 도구로서, ② 찬송 가사 속 은유는 회중이 메시지를 깊이 경험하도록 돕는다. 예수 그리스도의 성육신은하나님의 사랑을 나타낸 은유이며, 예배에서 나누는 떡과 잔은 그리스도의 상징이다. 찬송 인도자는 이 은유와 상징이 전하는 의미를 회중과 함께 나누며, 찬송이 단순한 노래가 아닌 영적 감동과 상상력을 일깨우는통로가 되도록 인도해야 한다.

〈요점〉

찬송 인도자는 찬송 속 은유와 상징을 통해 회중이 영적 감동을 경험할 수있도록 돕고, 찬송이 신앙적 상상력을 일깨우는 통로가 되도록 해야 한다.

(3) 영성과 음악의 상호작용: 하비 콕스의 성령 운동과 재즈의 융합

20세기 종교학자이자 사회학자인 하비 콕스(Harvey Cox)는 그의 저서 영성, 음악, 여성: 21세기 종교와 성령 운동에서 성령 운동과 재즈가고유의 정체성을 유지하면서도 서로 영향을 주어 독특한 융합적 특성을 형성한다고 설명한다. 콕스는 "재즈는 이질적 문화 속에서도 쉽게 토

착화되고 본래의 실체적 본질을 잃지 않는 독특한 능력을 가지고 있다"
고 하며, 성령 운동 또한 다양한 문화적 배경 속에서 그 본질을 유지하면
서 영향을 주고받는다고 지적한다. 그는 성령 운동이 카리브해의 영 흘
림(Possession), 아프리카의 조상 숭배, 브라질의 치유술, 한국의 무속 신
앙을 흡수하면서도 고유한 종교적 특성을 잃지 않고 각 지역에 자리 잡고
있음을 설명한다.

음악은 인간의 또 다른 언어로, 사람의 생각과 느낌을 외부로 표현하는
소통의 방법이라는 점에서 신앙과 상호 영향을 주고받는다. 콕스는 성
령 운동의 방언 기도와 재즈 보컬의 스캣 싱잉(Scat Singing)을 유사하게
보았다. 스캣은 즉흥적으로 멜로디를 만들어내는 방식으로, 방언 기도와
마찬가지로 즉흥성과 개방성을 지닌다. 방언은 전통적 신앙 구조 위에
다양한 언어적 형태로 발전하며, 성령의 창의적인 표현을 나타낸다.

이와 같은 영성과 음악의 상호작용은 찬송 음악에서 신앙과 음악이 서
로 밀접하게 영향을 미칠 수 있음을 보여준다. 찬송 인도자는 단순한 음
악적 기능을 넘어 예배 공동체의 영성에 부합하는 음악을 선택하고, 찬송
의 본질을 살려낼 수 있어야 한다. 누가복음 6장 45절의 "마음에 가득한
것을 입으로 말함이니라"는 말씀처럼, 내적 영적 경험은 외적 음악적 표
현으로 드러나며, 외적 표현은 내적 신앙의 증거가 될 수 있다. 따라서 찬
송 인도자는 예배 찬송의 음악적 요소가 신앙을 지지하고 드러내도록 세
심하게 선택해야 한다.

〈요점〉
찬송 인도자는 예배 공동체의 영성과 신앙을 지지하는 음악을 신중히

선택하여, 내적 영적 경험이 외적으로 드러나도록 해야 한다.

각 챕터의 요점은 다음과 같다.

(1) 문화적응 현상과 예언자적 사명: 브루그만을 중심으로
찬송 인도자는 성경적 찬송의 원리를 지키고, 문화적응 현상을 경계하여, 하나님 나라의 가치를 반영하는 찬송을 통해 성도들이 하나님의 구원과 회복을 경험할 수 있도록 인도해야 한다.

(2) 찬송과 은유와 상상력의 역할
찬송 인도자는 찬송 속 은유와 상징을 통해 회중이 영적 감동과 신앙적 상상력을 경험할 수 있도록 돕고, 찬송이 단순한 노래를 넘어 영적 깊이를 일깨우는 통로가 되도록 해야 한다.

(3) 영성과 음악의 상호작용: 하비 콕스의 성령 운동과 재즈의 융합
찬송 인도자는 예배 공동체의 영성을 지지하는 음악을 신중히 선택하여, 내적 영적 경험이 외적으로 표현될 수 있도록 인도하며, 음악과 신앙이 서로 상호작용할 수 있게 해야 한다.

아카펠라로 교회음악을 노래하다

① 브루그만은 교회가 세속적 가치관과 타협할 때 신앙의 본질
   이 희석된다고 경고했다.   (Yes/No)

② 찬송 속 은유는 회중이 메시지를 깊이 경험하도록 돕는다.   (Yes/No)

③ 영성과 음악은 예배에서 독립적으로 작용해야 한다.   (Yes/No)

④ 찬송 인도자는 예배 공동체의 영성에 부합하는 음악을 선택해야 한다.   (Yes/No)

⑤ 콕스는 재즈의 스캣 싱잉과 성령 운동의 방언 기도가 비슷하
   다고 보았다.   (Yes/No)

⑥ 브루그만은 예언자적 사명을 통해 찬송 인도자가 무엇을 강조해야 한다고 보았는가?
   a) 인간의 감정 표현
   b) 하나님의 구원과 회복

⑦ 찬송 속 은유와 상징의 목적은 무엇인가?
   a) 영적 감동을 일으키기 위함
   b) 단순한 오락적 요소로 사용하기 위함

⑧ 찬송 인도자는 예배 공동체의 영성을 지원하는 음악을 선택해야 한다고 강조한
   사람은 누구인가?
   a) 하비 콕스
   b) 존 파이퍼

⑨ 찬송 인도자는 하나님 나라의 (   )를 반영하는 예배 찬송을 통해 성도들에게
   영적 경험을 제공해야 한다.

⑩ 찬송 인도자는 예배 찬송이 단순한 음악적 감동을 넘어서 (   ) 역할을 수행하
   도록 해야 한다.

* 모범 답안 240페이지 참조

2. 현대교회의 예배에 대한 전망

'경배와 찬양(Worship & Praise)'은 1980~90년대 한국에서 밴드 형태의 찬송 혹은 찬송 집회를 지칭하는 명칭이다. 이 용어는 하나님에 대한 인간의 반응을 포괄하는 개념이기에 찬송 집회나 찬송 인도에 국한하는 것은 적절하지 않다. 그러나 이 용어가 이미 널리 통용되었고 현대 교회 찬송에 큰 영향을 준 맥락이 있기에, 본 챕터에서는 '경배와 찬양'의 발생 배경을 먼저 살펴보고자 한다.

'경배와 찬양'은 1960년대 미국에서 시작된 예배 운동으로, 개혁교회 갱신 운동, 오순절 교회의 성령 운동, 그리고 카리스마 운동을 배경으로 빈야드 운동을 통해 발전해왔다. 와그너(Peter Wagner)는 성령 운동을 세 시기로 나누고, 그중 2기를 카리스마 운동으로 구분하였다. 이 운동은 은사주의를 중심으로 개혁교회뿐 아니라 천주교에까지 영향을 미친 1960~70년대의 신앙 운동이었다. 이후 윔버(John Wimber)를 중심으로 한 빈야드 운동으로 확산되었으나, 한국 교회는 이를 신비적 현상과 감정주의에 치우친 왜곡된 형태로 보고 참여 금지를 결정하였다.

'경배와 찬양' 형태가 자리 잡는 데는 미국의 예수 운동(Jesus Movement)의 영향이 컸다. 예수 운동은 히피들을 대상으로 록 음악을 통해 복음을 전하는 부흥 운동으로, 이후 은사주의와 빈야드 운동에 이어져 현대 교회음악의 기반을 형성하게 되었다. 이 과정에서 교회음악은 은사주의와 세속음악 요소를 접목하며 발전했으며, 신비적이고 감성적인 요소가 예배음악에 포함되었다. 그 결과, 신앙 체험과 감정적 몰입이 예배의 중요한 요소로

아카펠라로 교회음악을 노래하다

자리 잡게 되었다.

현대 교회 예배음악의 가사는 대체로 보수적 경향을 띠지만, 음악적 요소는 개방적이다. 예배의 가사는 신학적 관점에서 구별될 수 있으나, 음악적 요소는 신학적 맥락보다는 음악적 특성에 의해 주도된다. 따라서 찬송에 있어 음악과 신앙의 연관성 연구는 중요하며, 올바른 찬송 사용을 위해 필수적이다. 예배의 일부로서 찬송은 예배의 개념 내에서 실천되어야 하며, 음악 역시 동일한 개념하에 사용되어야 한다.

〈요점〉

'경배와 찬양'은 미국 성령 운동과 예수 운동의 영향을 받아 현대 교회음악의 기반을 형성하였으며, 찬송 인도자는 예배음악이 신앙을 지지하고 표현하는 역할을 하도록 신중히 선택해야 한다.

(1) 웨버의 현대교회 예배와 전망

현대 교회의 예배의 현재와 미래를 이해하기 위해 웨버의 예배 모델을 살펴보자. 예배 모델에 관한 그의 연구는 세대별 문화적 특성을 파악하게 하고, 오늘날 교회의 예배를 다각화된 시각에서 바라볼 수 있게 해준다. 웨버는 현대 교회가 새로운, 역동적인 세계관과 예배 형태로 변화하고 있다고 보았다. 그는 포스트모던 세대를 위한 예배 특성을 다음과 같이 설명했다.

현대 교회의 예배의 현재와 미래를 이해하기 위해 웨버의 예배 모델을 살펴볼 필요가 있다. 웨버의 연구는 세대별 문화적 특성을 파악하게 하고, 오늘날 교회의 예배를 다양한 시각에서 이해할 수 있도록 돕는다. 웨버는 현대 교회가 새로운, 역동적인 세계관과 예배 형태로 변화하고 있다고 보았으며, 포스트모던 세대를 위한 예배 특성을 다음과 같이 설명하였다.

① 초자연적 현상에 열려 있는 회중
② 신앙의 신비 체험을 추구하는 경향
③ 만물이 밀접하게 연결되어 있다는 전적 확신
④ 예배 참여에 대한 강력한 촉구
⑤ 공동체 지향성과 과정 중심의 중요성
⑥ 시각적인 학습과 소통

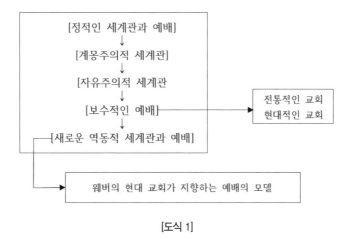

[도식 1]

[도식 1]은 웨버의 예배에 대한 세계관 변화를 시각적으로 나타낸다. 웨버는 현대 교회의 예배가 지향해야 할 위치에 '역동적인 세계관'을 두

아카펠라로 교회음악을 노래하다

고 있으며, 이를 통해 20세기 교회가 보수적인 예배 모델을 유지해 왔음을 보여준다. 전통적인 교회와 현대적인 교회는 각자의 방식으로 공존하고 있지만 상반된 평가를 받고 있다. 웨버는 전통적 예배에 대해 지나치게 지성적이고 활력이 부족하다고 비판하며, 현대적 예배는 감각적이고 자아 중심적일 위험이 있다고 보았다. 이로써 웨버는 교회가 각자의 예배 방식을 돌아볼 필요성을 강조하며, 그의 예배 모델이 다음 장에서 다룰 이머징 교회의 예배와 유사한 특성을 보임을 시사한다.

〈요점〉

웨버는 포스트모던 세대를 위한 예배의 역동성과 공동체 지향성을 강조하며, 전통과 현대 예배 방식을 돌아보고 조화롭게 발전시킬 필요성을 제안한다.

(2) 카슨을 통해 본 이머징 교회

카슨(D. A. Carson)은 그의 저서 *이머징 교회 바로 알기*에서 "이머징 교회에 적응하지 못한다면 새로운 세대(N세대)와의 소통이 어려울 것"이라고 언급하였다. 이는 현대 교회에서 이머징 교회가 N세대에 미치는 영향력을 잘 보여준다. 이머징 교회는 N세대를 주요 대상으로 하여 그들에게 적합한 새로운 형태의 교회와 예배 갱신을 통해 다가가고 있다.

이머징 교회 운동은 보수적, 전통적, 복음주의적 성향의 교회 내에서 시작되었으며, 근본주의적 경향도 보인다. 그러나 이들은 제도권 교회에 대해 세 가지 저항을 제기하는데, 첫째는 영적인 매카시즘으로 특정 복음주의 지도자들의 영향력에 대한 경계다. 이는 예수께서 당시 종교 체제에 도전했던 것과 유사하게 기성 체제에 대한 도전 필요성을 주장한다. 둘째, 영적인 고립주의로 교회와 세상의 분리로 인한 괴리감에 대한 저항이다. 셋째, 영적인 다원주의에 대한 저항으로, 교회의 대형화 경향과 이에 따른 프로그램 경쟁에 대한 환멸을 의미한다.

카슨은 이머징 교회의 본질이 "차이를 용납하고, 상반된 견해를 가진 사람들을 존중하는 것"이라고 말하며, 이머징 예배가 초대교회 예배 회복 운동과 관련성이 있다고 보았다. 이머징 예배는 초대교회의 환원적 신앙과 맥을 같이하는 흐름으로 평가된다. 카슨이 설명한 시카고 문서에서는 이머징 교회를 ① 전통적 복음주의자, ② 실용주의적 복음주의자, ③ 신유형의 복음주의자라는 세 가지 유형으로 구분한다. 전통적 복음주의자는 성경 강해와 찬송가를 중시하며, 실용주의적 복음주의자는 세련된 예배와 개인적 필요 충족을 강조하고, 신유형의 복음주의자는 초대교회의 예배 정신을 회복하는 데 초점을 맞춘다.

신유형 복음주의자는 전통적인 찬송가와 현대적 음악을 혼합한 찬양 예배를 강조하며, 진실한 관계와 지역사회와의 연결을 지향한다. 이들은 기술과 예술적 요소, 양초와 상징물을 통해 신비감과 경이감을 더하는 예배 환경을 선호한다. 카슨은 이러한 이머징 교회가 빠르게 확산되고 있다고 보고하며, 이들이 포스트모던적 사고를 지닌 사람들에게 적합한 교회로 평가된다고 설명한다.

이머징 교회는 성찬과 동성애 등에 대한 전통적 신학적 입장을 재고하며 양초, 십자가, 전례적 형식, 연극, 침묵 기도회 등을 도입하는 예배 형

아카펠라로 교회음악을 노래하다

식을 실험한다. 이러한 실험은 전통을 넘어서는 시도이지만, 이머징 교회는 기존 기독교 유산의 가치를 낮추는 이분법적 사고방식으로 비판을 받기도 한다. 카슨은 이들이 성경 구절을 왜곡하여 '복음을 저버렸다'는 비판을 받는 문제는 이머징 운동이 정의되기 전 성장한 데에 기인한다고 분석한다.

유재원은 이머징 예배가 초대교회의 전통으로 돌아가려는 복고적 특징을 가진다고 평가하지만, 신비주의적 경향이 있어 성경적 교회와는 차이가 있다고 지적한다.

(3) 이머징 교회의 평가

[표 2]

	강점	약점
1	N세대를 대상으로 새로운 타입의 교회와 예배	기존 교회에 대한 반감이 그들의 개혁의 원인이 됨
2	초대교회로의 회복을 위한 예배 회복운동	초기교회의 위대한 전통을 버리고 새로운 전통을 받아들임

이머징 교회의 강점 중 하나는 N세대를 중심으로 한 선교 전략이다. 이머징 교회는 N세대의 세계관을 반영하여 그들이 원하는 교회 모델과 예배 방식을 통해 보수적 교회에 대한 환멸을 느낀 N세대의 이탈을 막았다는 평가를 받는다. 또 다른 강점은 초대교회로의 회귀를 위한 열망이다. 카슨은 현대 교회가 이러한 원 교회에 대한 갈망을 채우지 못했다고 지적

한다. 이머징 교회의 약점은 이들이 개혁의 출발점을 기존 교회에 대한 반감에서 시작한 데 있으며, 전통적 유산을 약화하거나 버리는 결과를 초래하였다. 초대교회의 예배를 회복하고자 이머징 교회는 기독교 전통 대신 신비주의적 요소를 적극 수용하였으며, 학계는 이와 같은 신비주의적 경향과 성경 권위에 대한 도전, 인본주의적 성향을 약점으로 지적한다.

이머징 교회의 출현은 현대 교회 예배 모델에 큰 영향을 미쳤으며, 교회는 시대별 세계관에 대한 깊이 있는 연구를 통해 밀레니얼 세대와 그 이후 세대를 위한 미래적 교회와 예배의 새로운 모델을 개발할 필요가 있다. 따라서 찬송 연구는 찬송 자체에 국한되지 않고, 시대적 세계관과 교회 및 예배의 모델과 함께 연구되어야 한다.

〈요점〉

이머징 교회는 N세대와의 소통과 초대교회의 예배 회복을 강점으로 하지만, 전통적 유산의 약화와 신비주의 수용을 약점으로 지니며, 교회는 이와 같은 시대적 변화를 반영한 새로운 예배 모델 개발이 필요하다.

각 챕터의 요점은 다음과 같다.

아카펠라로 교회음악을 노래하다

'경배와 찬양'은 1960년대 미국의 예배 운동에서 시작해 현대 한국 교회 예배에 영향을 주었으며, 신앙 체험과 감정적 몰입이 예배의 중요한 요소로 자리 잡게 했다. 찬송 인도자는 예배음악이 신앙을 지지하고 표현하는 역할을 하도록 신중히 선택해야 한다.

(1) 웨버의 현대교회 예배와 전망

웨버는 포스트모던 세대를 위한 예배가 역동성과 공동체 지향성을 갖추어야 한다고 보며, 전통과 현대 예배 방식을 돌아보고 조화롭게 발전시킬 필요가 있음을 제안한다.

(2) 카슨을 통해 본 이머징 교회

카슨은 이머징 교회가 N세대와 소통을 강화하고 초대교회 예배 회복을 목표로 하며, 다양한 신학적 입장을 수용하지만, 전통적 유산의 약화와 신비주의적 경향을 가진다고 평가했다.

(3) 이머징 교회의 평가

이머징 교회는 N세대의 선교와 초대교회 회복 열망을 강점으로 하지만, 기존 교회에 대한 반감에서 출발해 신비주의 요소를 수용함으로써 전통적 유산이 약화될 우려가 있다. 교회는 시대적 변화를 반영한 새로운 예배 모델을 개발할 필요가 있다.

문제

① '경배와 찬양'은 한국에서 시작된 예배 운동이다. (Yes/No)

② 웨버는 포스트모던 세대를 위한 예배가 공동체 지향성을 갖

추어야 한다고 보았다. (Yes/No)

③ 이머징 교회는 전통적 유산을 강화하기 위해 신비주의를 거부한다. (Yes/No)

④ 카슨에 따르면, 이머징 교회는 차이를 용납하고 상반된 견해

를 존중하는 것을 중시한다. (Yes/No)

⑤ 이머징 교회는 초대교회 예배 회복을 목표로 한다. (Yes/No)

⑥ '경배와 찬양'의 기반이 된 운동은 무엇인가?

    a) 예수 운동

    b) 복음주의 운동

⑦ 웨버는 현대 교회의 예배가 (   ) 세계관을 갖추어야 한다고 보았다.

    a) 역동적인

    b) 고정적인

⑧ 이머징 교회가 N세대와 소통하는 중요한 방식은 무엇인가?

    a) 전통적 예배 형식 유지

    b) 새로운 형태의 예배 갱신

⑨ 이머징 교회는 (   )와의 소통을 강화하고자 한다.

⑩ 웨버는 현대 교회의 예배가 (   )과 같은 특성을 가져야 한다고 보았다.

* 모범 답안 240페이지 참조

IV

아카펠라 찬송 인도의
실제적 활용 방안과 발전

1. 찬송 인도 준비를 위한 활용 방안

(1) 콘티 노트 준비

오늘 회심한 사람의 증언이 다년간 설교한 설교자보다 더 가슴 뛰게 할 수 있다. 그러나 회심자 그의 자기중심적 간증은 얼마 지나지 않아, 다른 이들의 어려움에 대해 더 이상 말을 잊지 못하게 될 것이다. 하지만 오랜 기간 동안 설교단에 섰던 설교자는 더 넓은 가슴과 이해력을 갖고 회중들 앞에 설 수 있는 것이다.

필립스 브룩스(Phillips Brooks)가 설교 준비의 중요성을 지적한 것처럼, 이러한 통찰은 찬송 인도자가 찬송을 준비하는 과정에도 적용할 수 있다. 찬송 인도자의 음악적 재능과 순발력은 잠깐의 감동을 줄 수 있지만, 그것만으로는 영적인 영향력을 발휘하기 어렵다. 찬송 인도자는 뮤지션이 아니라, 넓은 이해력과 깊은 영성을 통해 회중에게 다가가야 한다. 이를 위해 콘티 노트를 작성하여 체계적이고 전략적인 찬송 인도를 준비하는 것이 중요하다.

콘티는 'Continuity'의 줄임말로, 연속성과 연결성을 의미한다. 곡과 곡을 유기적으로 연결하여 음악적 흐름과 영적인 목표를 함께 이루기 위한 기획 노트이다. 콘티를 작성할 때는 세 가지 요소를 고려해야 한다. 첫 번째는 찬송 인도자, 두 번째는 찬송 곡, 세 번째는 회중이다.

(a) 찬송 인도자

찬송 인도자가 '어떤 사람인가'는 찬송의 결과와 효과에 큰 영향을 미친다. 인도자는 자신만의 매력과 자존감을 갖춘 사람이 되어야 한다. 여기서 자존감은 외부가 아닌 자신의 내면에서 자신의 가치를 존중하는 의식을 말하며, 이는 그리스도 안에서 형성된다(빌 1:21). 다른 인도자의 행동을 모방하기보다, 자신의 진정성을 살려 회중과 소통하는 것이 중요하다.

(b) 찬송 곡

콘티 작성의 핵심은 곡 선택과 배열이다. 찬송 곡은 주제, 가사, 조성, 멜로디, 화성, 리듬 등의 요소에 따라 결정되며, 적절한 곡 배치는 예배의 영적 성취감을 높이는 역할을 한다. 인도자가 찬송 곡을 충분히 숙지하고 가사를 암기하여 자연스럽게 노래하면, 회중의 영적 몰입을 도울 수 있다. 미국 아카펠라 인도자 랑케스터의 예처럼, 가사 암송과 충분한 연습은 인도자가 여유 있고 자연스러운 찬송을 인도하게 한다.

(c) 회중

찬송 인도자는 회중을 철저히 이해하고 관계를 형성해야 한다. 교회 공동체 내에서 소그룹 형성을 통해 성도들 간의 친밀감을 높이고 서로를 격려할 수 있는 환경을 조성하는 것이 필요하다. "해가 지기 전에 화해하라"(엡 4:26)는 말씀처럼 찬송 인도자는 성도들과 화목한 관계를 유지하고 사랑을 실천해야 한다. 인도자는 예배의 성격과 목적을 명확히 이해하고, 그에 맞는 콘티를 준비함으로써 회중이 예배에 온전히 집중할 수 있도록 돕는다.

조지 헌터(George G. Hunter)는 불신자에게 복음을 효과적으로 전하기 위해 예배를 네 가지 형태로 분류했다. 그 형태는 모든 교인의 기호에 맞춘 조화된 예배(Blended Worship), 구도자에게 친절한 구도자 친화 예배(Seeker Friendly), 구도자가 적극 참여하는 참여형 구도자 예배(High Participation Seeker Service), 그리고 공연 중심의 공연형 구도자 예배(High Performance Seeker Service)이다. 헌터의 이 네 가지 예배 형태는 구도자를 복음으로 인도하기 위한 목적으로 설계되었다는 특징이 있다.

헌터는 '불신자' 대신 '구도자'라는 용어를 사용함으로써, 믿음을 찾고 있는 가능성을 열어두었다. 이는 구도자가 단지 믿음이 없는 사람이라기보다, 진리를 추구하는 사람으로 보는 시각을 반영한 것이다. 그러나 예배는 본래 구원받은 하나님의 자녀들이 삼위 하나님을 경배하는 자리이며, 사람이 무엇을 얻는 목적이 아니라는 점에서 구도자 모임에 '예배'라는 용어를 쓰는 것에 대한 신중한 접근이 필요하다.

찬송 인도자는 이처럼 자신이 인도할 예배의 성격과 목표를 정확히 파악하고, 그에 맞는 찬송 콘티를 작성해야 한다.

〈요점〉

찬송 인도자는 음악적 재능만이 아닌 깊은 영성과 회중과의 진정성 있는 소통을 통해 예배를 인도해야 하며, 이를 위해 체계적인 콘티 노트를 준비하는 것이 중요하다. 콘티 작성 시 찬송 인도자 자신, 곡 선택과 배열, 회중에 대한 이해를 바탕으로 예배의 성격과 목표에 맞는 찬송 인도를 준비해야 한다.

(2) 콘티 노트 주제 선정 및 작성

(a) 콘티 주제 선택의 세 가지 원리

콘티 작성에서 가장 중요한 것은 주제 선정이다. 주제는 특히 공예배에서 설교의 주제와 일치하는 것이 좋으며, 이는 예배 전체의 흐름을 통합하는 데 기여한다. 주제 선택을 위한 원리로는 필요의 원리, 기대의 원리, 균형의 원리의 세 가지가 있다.

ⓐ 필요의 원리

필요의 원리는 교회 공동체의 필요를 살피는 것을 의미한다. 찬송 인도자는 자신이 속한 공동체의 상황과 필요를 정확히 인식해야 하며, 이를 통해 공동체가 필요로 하는 바를 이해할 수 있다. 이사야 61장 3절의 말씀에서 "슬퍼하는 자에게 화관을 주어 그 재를 대신하며 … 찬송의 옷으로 그 근심을 대신하신다"는 내용처럼, 찬송 인도자는 슬픔을 찬송으로 바꾸어주는 역할을 한다. 이는 공동체의 상황에 맞추어 찬송의 주제를 선정하는 것이 중요함을 보여준다.

ⓑ **기대의 원리**

기대의 원리는 찬송 모임의 명확한 목표를 설정하는 것이다. 찬송 인도자는 찬송 모임 후에 어떤 영적 효과나 결과를 기대하는지 명확히 하고, 이를 콘티 작성 단계에서 기록해야 한다. 이 목표는 찬송 인도가 단순히 노래를 부르는 행위가 아닌, 영적 성장을 목표로 하는 사역임을 분명히 한다.

ⓒ **균형의 원리**

균형의 원리는 공동체의 필요를 반영하여 찬송 곡들을 균형 있게 배열하는 것을 의미한다. 각 찬송 곡은 주제를 가지고 있으며, 이를 조화롭게 배열함으로써 찬송 인도의 흐름이 자연스럽게 이어지도록 한다. 다만 한 곡에 두세 개의 주제가 포함될 수 있으므로, 곡을 분류하고 선정할 때 명확한 기준을 세워야 한다. 이러한 균형을 통해 찬송 모임이 더욱 효과적으로 이끌어질 수 있다.

(b) **찬송곡의 선택**

콘티의 주제가 정해졌다면, 그 주제에 맞는 찬송 곡을 선택하는 과정이 필요하다. 앞서 언급했듯이, 찬송 곡은 한 가지 혹은 두 가지 이상의 주제를 가질 수 있으며, 찬송집에 표기된 곡의 주제가 실제와 다르게 분류된 경우도 있다. 따라서 찬송 인도자는 각 곡의 주제를 정확하게 파악하여야 한다.

화이트(White)는 음악 선택과 관련해 "사람들의 문화적 수준이 매우 다양하므로, 음악적 요소는 적절하게 사용되어야 한다. 회중의 문화와 상황에 맞지 않는 음악을 선택할 경우, 선곡에서 우월주의(elitism)에 빠질 수 있다"고 지적했다. 찬송 인도자는 이 점을 고려하여, 회중이 소화할 수 있는 음악적 수준을 파악하고, 조성, 템포, 박자 등을 적절히 고려하여 곡을 선택해야 한다.

(c) 구성과 콘티 노트 기록

찬송 곡 배열은 주제에 맞는 초점을 설정하는 것이 중요하다. 이를 위해 찬송 곡 각각의 주제와 음악적 요소를 고려하여 곡을 배열해야 한다. 곡 배열에서는 곡의 주제와 조성, 템포, 분위기 등의 음악적 요소를 조화롭게 구성하는 것이 필요하다. 또한, 노래와 노래 사이에 적절한 기도나 메시지를 삽입하여 예배의 흐름을 더욱 자연스럽게 이끌 수 있다.

공예배에서의 찬송 인도를 이해하는 데 도움이 될 수 있도록, [표 3]의 콘티 예시를 참고하여 배열 방법을 확인해 보자.

[표 3 주일 여는 찬양 콘티]

1. 설교주제 나의 능력, 십자가(고린도전서 1장 18절) "십자가의 도가 멸망하는 자들에게는 미련한 것이요 구원을 받는 우리에게는 하나님의 능력이라"
2. 찬송 키워드 '예수님 십자가, 세상, 구원, 능력'

3. 주제 선택 요소
* 필요의 원리: 구도자 두 분이 오셔서 한 달 동안 함께 예배 중인 상황.
* 기대의 원리
a_ 구도자들이 예수님의 사랑을 경험하는 것.
b_'새 신자 교육'에 나올 수 있길.
* [균형의 원리를 통한 주제 구성]
- [구성1] 축복 1곡 - [구성2] 예배로 들어감 1곡 -
- [구성3] 그리스도와 누리는 기쁨 2곡 - [구성4] 하나님의 능력 1곡 -
4. 찬양 시간 20분
5. 선곡
1_축복: '축복송(E)'
2_예배로: '감사함으로 그 문에(D)'
3_그리스도와 누리는 기쁨: '슬픈 마음 있는 사람(A♭)',
'주 하나님 독생자 예수(B♭→A♭)'
4_'주 하나님 지으신 모든 세계(B♭)'

콘티 작성 시에는 주제를 비롯하여 설교와의 연계를 통해 찬송 인도의 방향을 설정해야 한다. [표 3]을 참고하여 다음과 같은 단계로 콘티를 기록한다.

ⓐ 주제 기록

콘티 작성은 주제 기록으로 시작한다. 찬송 인도는 설교 주제와 동일한 방향을 지향하며, 설교 제목, 성경 구절, 본문 텍스트를 함께 기록한다. 본문 텍스트를 주제와 함께 기록하는 이유는 찬송의 핵심 키워드를 파악하기 위함이다. 이를 통해 주제와 일치하는 찬송곡을 선정할 수 있다.

아카펠라로 교회음악을 노래하다

ⓑ 찬송 키워드 기록

두 번째로, 설교 주제와 본문 텍스트에서 핵심 키워드를 추출해 기록한다. 이러한 키워드는 하나님께서 전하시고자 하는 메시지의 방향을 미리 파악하는 데 도움이 된다.

ⓒ 찬송 인도의 주제 선정

앞서 다룬 세 가지 원리(필요, 기대, 균형)를 통해 찬송 인도의 주제를 설정한다.

① 필요의 원리: 교회의 현재 상황과 회중의 필요를 파악하고 기록한다. 예를 들어, [표 3]에는 전도를 통해 교회에 처음 나오게 된 두 구도자의 사례가 구체적으로 명시되어 있다. 이처럼 상황을 구체화함으로써 회중의 필요를 반영한 콘티 구성이 가능하다.

② 기대의 원리: 찬송 모임 이후 기대하는 영적 효과나 목표를 기록한다. [표 3]에서는 구도자들이 찬송을 통해 예수님의 사랑을 경험하고, 새 신자 교육 과정에 참여하도록 유도하는 것을 목표로 설정했다. 이러한 기대의 명시는 찬송 인도자뿐 아니라 함께하는 파트장들 또한 예배의 목표에 공감하도록 돕는다.

③ 균형의 원리: 주제를 구성하는 요소 간의 균형을 맞추어 곡 배열의 틀을 잡는다. [표 3] 예시에서는 "축복(1곡) - 예배로 들어감(1곡) - 그리스도와 누리는 기쁨(2곡) - 하나님의 능력(1곡)"의 4단계 구성을 통해 찬송 곡을 배열한다.

ⓓ 구체적 곡 선택과 배열

주제에 따라 20분의 찬양 시간 내에서 전체 곡을 배열한다. 주제에 맞는 템포와 조성을 고려하여 곡을 배치한다. 예를 들어, 첫 번째 "축복" 구성에는 중간 템포로 서로를 환영할 수 있는 곡을, 두 번째 "예배로 들어감" 구성에는 힘찬 곡을, 세 번째 "그리스도와 누리는 기쁨"에는 빠른 곡을 선택한다. 마지막 "하나님의 능력" 구성에는 웅장하고 영감 있는 곡을 선정하여 찬송을 마무리한다.

ⓔ 곡의 순서와 조성 기록

마지막으로 [표 3]의 다섯 번째 칸에 곡의 순서와 조성을 기록한다. 곡 연결을 원활하게 하기 위해 조성도 명시하며, 곡 사이에 전조(Transposition)가 필요할 경우 이를 반영한다. 예를 들어, "슬픈 마음 있는 사람"이 A♭ 키로 시작되면, 이어지는 곡도 동일한 A♭ 키로 전환하여 자연스럽게 연결한다. 이렇게 조성과 순서를 표기하여 콘티 기록을 완성한다.

〈요점〉

찬송 콘티 작성에서 주제는 설교와 일치시키고 필요의 원리, 기대의 원리, 균형의 원리를 고려해 선정해야 한다.

찬송 곡은 회중의 문화적 수준과 상황에 맞춰 선택하며, 곡 배열은 주제와 템포, 조성을 고려해 구성한다.

콘티 작성 시 주제와 키워드, 곡 배열과 조성을 체계적으로 기록하여 찬송 인도가 예배의 흐름을 잘 이끌 수 있도록 준비해야 한다.

아카펠라로 교회음악을 노래하다

(3) 리허설 노트 활용법

◇◇◇◇◇◇◇◇◇◇◇◇◇◇◇◇◇◇◇◇◇◇◇◇◇◇◇◇◇◇◇◇◇◇◇

리허설의 사전적 정의는 "연극·음악·방송 등에서, 공연을 앞두고 실제처럼 하는 연습"이다. 찬송 리허설 노트는 콘티 노트에서 선정한 찬양곡과 순서를 실제 예배 현장에서 인도하는 것처럼 세밀하게 계획하고 기록하는 도구이다. 리허설을 효과적으로 진행하기 위해서는 음향, 영상, 조명, 스태프 담당자들과의 긴밀한 협력이 필수적이다. 리허설 노트 작성 예시는 [표 4]를 참고할 수 있다.

[표 4 리허설 노트]

체크리스트	10시 20분 리허설		마이크	√	파트장	√	좌석	√	ppt	√
	담당	전상길	모니터	√	악보, 보면대	√	물	√	기도	√
1	Start Time		Title		Comment		Staff		etc.	
2	10시 38분 환영		[intro blank]		일어나 환영 인사		예배단 조명 on		회중석 조명 off, ppt 준비	
3	40분 노래		축복송(E)		처음 오신 분 새가족반		영상: 회중석		ppt 축복송	
4	45분		시작 기도		새신자 십자가은혜 구원		기도 마이크 Reb: off		다음 ppt 준비	
5	46분		감사함으로 그문에(D)				기도 마이크 Reb: on		ppt 감사함	
6	49분		슬픈 마음 (A♭)		곡 시작 전 사 61:3 선포				6과 7번곡 이어부름	

7	51분	주 하나님 독생자 (A♭)	느린 후렴 반복 때 '일어나 손을'		후렴 느리게 반복 '살아계신~'
8	55분 ending 59분	주 하나님 지으신 (B♭)	8번곡 부른 후 예배로 나아감	영상: 설교단, 마이크와 보면대 정리	Ending 후 mic: all off 회중조명: on
비고	(이사야 61장 3절) "무릇 시온에서 슬퍼하는 자에게 화관을 주어 그 재를 대신하며 기쁨의 기름으로 그 슬픔을 대신하며 찬송의 옷으로 그 근심을 대신하시고 그들이 의의 나무 곧 여호와께서 심으신 그 영광을 나타낼 자라 일컬음을 받게 하려 하심이라"				

 예배 찬송 리허설 노트는 전체 찬송 인도의 구조를 한눈에 확인할 수 있도록 한 페이지에 작성하는 것이 좋다. 지면의 한계로 인해 세부 사항을 모두 기록하기 어려우므로, 각 항목은 약어를 사용하여 간결하게 작성한다.

 [표 4]의 예시를 보면, 가장 윗단에 체크리스트가 포함되어 있다. 이 체크리스트는 리허설 과정에서 빠뜨리지 말아야 할 사항들을 점검하기 위한 것이다.

(a) 체크리스트 구성과 활용

 리허설 노트의 체크리스트는 찬송 인도를 위해 필요한 모든 준비 사항을 점검하는 역할을 한다. 체크리스트에는 리허설 시간과 각 항목을 점검할 책임자를 명시하며, 효율성을 위해 찬송 인도자, 파트장, 스태프(staff)가 돌아가며 담당하는 것이 좋다. 여기서 스태프는 찬송 인도자와 파트장을 제외한 역할로, 예배 찬송의 원활한 진행을 돕는 포지션을 의미한다.

아카펠라로 교회음악을 노래하다

주요 체크리스트 항목에는 다음과 같은 사항들이 포함된다.

- 마이크 설치 및 작동 확인
- 모니터 스피커 작동 확인
- 파트장 출석 확인
- 악보와 보면대 준비
- 노래 인원용 물 준비
- 찬송 가사 PPT 확인
- 예배 전 기도 준비
- 좌석 주변 점검(회중의 찬송 집중을 방해하는 요소 제거)
- 필요에 따라 추가적인 항목을 포함하여 점검할 수 있다.

(b) 리허설 메뉴에 따른 활용법

리허설 노트는 찬송 인도의 진행을 원활하게 돕는 도구로, 각 항목을 한눈에 확인할 수 있도록 작성한다. 주요 항목은 다음과 같다.

- Start Time: 각 구역의 시작 시간을 분 단위로 표기하여, 예배가 정확한 시간에 진행되도록 한다. 이를 통해 불필요한 말이나 행동을 줄일 수 있다.
- 타이틀과 조성: 곡 제목과 해당 조성을 기재하여 곡이 자연스럽게 연결되도록 한다. 조성은 콘티 노트에서 이미 조정했으므로 리허설 노트에서는 따로 고민할 필요가 없다.

- 멘트(Comment): 찬송 인도자가 회중에게 전할 격려, 위로, 말씀 등을 간단히 표기하며, "Comment" 또는 약어 "CMT"를 사용한다. 예를 들어, '일어나/환영인사'는 "환영합니다. 다 같이 일어나 인사합시다"라는 의미다.
- 기도 내용 요약: 기도 구절은 요약하여 표기한다. 예를 들어, '새신자/십자가은혜/구원'은 "새 신자들이 십자가의 은혜를 경험하고 구원의 기쁨을 누리도록" 기도하는 의미다. 이렇게 줄임말을 사용하여 내용을 간단히 확인할 수 있도록 한다.
- 스태프와 기타 사항: 조명, 마이크의 'on', 'off' 같은 필요한 설정을 표기하며, 기도 시 리버브(Reverb)와 같은 효과 제거를 'Rev'로 기록한다. PPT나 스크린 송출 등 특이사항을 적어 매끄러운 진행을 돕는다.
- 비고란: 기도나 말씀 내용 등 추가적으로 기록해야 할 내용을 작성하는 곳이다. 콘티 노트와 리허설 노트는 단순한 계획서가 아니다. 이들은 찬송 인도자로 하여금 예배 찬송의 목표와 음악적 요소를 체계적으로 숙지하도록 돕는다. 또한, 콘티와 리허설 노트를 파트장과 스태프와 공유하고 설명하며 그들의 의견을 수렴하여 수정하는 과정은 팀원들의 주인의식과 리더십을 향상시킨다. 이러한 공유 과정은 찬송 인도자의 리더십 확립에도 중요한 도구가 될 수 있다.

〈요점〉

리허설 노트는 찬송 인도가 실제 예배처럼 진행될 수 있도록 준비 상황과 음악적 흐름을 체계적으로 기록하고 점검하는 도구이다.

체크리스트를 통해 마이크, 조명, PPT 등 필수 준비 사항을 확인하고

아카펠라로 교회음악을 노래하다

각 담당자에게 역할을 배분하여 리허설의 효율성을 높인다.

리허설 노트 작성 시 곡 시작 시간, 조성, 멘트, 기도 요약 등을 간단히 표기해 예배 진행의 원활함을 도모하고, 팀워들과 공유하여 찬송 인도자의 리더십을 강화할 수 있다.

각 챕터의 요점은 다음과 같다.

(1) 콘티 노트 준비

찬송 인도자는 음악적 재능만이 아닌 깊은 영성과 회중과의 진정성 있는 소통을 통해 예배를 인도해야 하며, 이를 위해 체계적인 콘티 노트를 준비하는 것이 중요하다. 콘티 작성 시 찬송 인도자 자신, 곡 선택과 배열, 회중에 대한 이해를 바탕으로 예배의 성격과 목표에 맞는 찬송 인도를 준비해야 한다.

(2) 콘티 노트 주제 선정 및 작성

찬송 콘티 작성에서 주제는 설교와 일치시키고 필요의 원리, 기대의 원리, 균형의 원리를 고려해 선정해야 한다.

찬송 곡은 회중의 문화적 수준과 상황에 맞춰 선택하며, 곡 배열은 주제와 템포, 조성을 고려해 구성한다.

콘티 작성 시 주제와 키워드, 곡 배열과 조성을 체계적으로 기록하여 찬송 인도가 예배의 흐름을 잘 이끌 수 있도록 준비해야 한다.

(3) 리허설 노트 활용법

리허설 노트는 찬송 인도가 실제 예배처럼 진행될 수 있도록 준비 상황과 음악적 흐름을 체계적으로 기록하고 점검하는 도구이다.

체크리스트를 통해 마이크, 조명, PPT 등 필수 준비 사항을 확인하고 각 담당자에게 역할을 배분하여 리허설의 효율성을 높인다.

리허설 노트 작성 시 곡 시작 시간, 조성, 멘트, 기도 요약 등을 간단히 표기해 예배 진행의 원활함을 도모하고, 팀원들과 공유하여 찬송 인도자의 리더십을 강화할 수 있다.

아카펠라로 교회음악을 노래하다

문 제

① 콘티 노트는 예배를 더 체계적으로 준비하는 데 필요하다.　　(Yes/No)

② 조지 헌터의 네 가지 예배 형태에는 공연형 구도자 예배가 포함된다.　(Yes/No)

③ 리허설 노트의 체크리스트 항목에는 마이크 설치 및 작동 확

　인이 포함되지 않는다.　　(Yes/No)

④ 리허설 노트 작성 시 각 항목의 시작 시간은 분 단위로 표기한다.　(Yes/No)

⑤ 찬송 인도자는 콘티 노트를 작성할 때 곡의 주제와 회중의 상

　황을 고려하지 않는다.　　(Yes/No)

⑥ 콘티 노트 작성에서 가장 중요한 것은 무엇인가?

　a) 주제 선정

　b) 곡의 빠르기 조정

⑦ 리허설 노트에 포함되는 주요 항목이 아닌 것은?

　a) 기도 내용 요약

　b) 예배 시간 변경

⑧ 헌터가 제안한 예배 형태 중 불신자를 대상으로 하는 예배 형태는?

　a) 구도자 친화 예배

　b) 전통 예배

⑨ (　　　)는 곡의 시작부분으로, 주로 곡의 도입 역할을 한다.

⑩ 리허설 노트 작성 시, 찬송 곡의 시작 시간과 (　　　), 멘트, 기도 요약 등을 간단

　히 표기하여 예배 진행의 원활함을 도모한다.

* 모범 답안 240페이지 참조

2. 송리더 인도법과 모양음표의 활용 방안

교회들이 아카펠라 찬송을 도입할 때 보수적인 입장을 취하는 경향이 있다. 한 명의 송리더 외에 다른 사람이 예배의 단에 서는 것을 부담스럽게 여기는 이유는 주로 성경 해석과 회중성의 원칙에 기초한다. 초기 교회의 예배에서 찬송은 모두가 함께 부르는 회중 찬송 형태였으므로, 오늘날의 회중 찬송 또한 이 원칙을 따르고자 한다.

아카펠라 찬송을 어려워하는 성도들을 위해, 음악성이 있는 파트장들을 선정하여 이들을 회중석에 배치함으로써 회중이 자연스럽게 찬송에 참여할 수 있도록 돕는다. 송리더는 예배의 흐름을 조율하며, 기도와 격려의 메시지, 그리고 적절한 멘트로 회중 찬송을 인도한다.

(1) 송리더 인도법의 시스템 구성

(a) 찬송 인도자(송리더)

찬송 인도자는 영적 영향력을 통해 회중을 인도하며, 두 가지 방식으로 그 역할을 수행한다.

ⓐ 언어적 메시지
기도와 말씀, 도전적인 메시지 등을 통해 성도들을 격려하고 영적 고취를 제공한다.

ⓑ 행동의 메시지

손을 들어 하나님께 경의를 표하거나, 무릎을 꿇음으로써 영적 본을 보인다. 이러한 언어적·행동적 메시지를 통해 찬송 인도자는 회중에게 영적인 영향력을 발휘한다.

(b) 파트장

파트장은 주로 음악적인 도움을 제공하는 역할을 맡는다. 성도들 사이에 위치하여 각자 맡은 성부의 멜로디와 가사를 선명하게 불러 회중이 각 파트를 쉽게 이해하고 따라 부를 수 있도록 돕는다. 이로 인해 회중 찬송의 음악적 안정감이 높아지고, 회중이 찬송에 더욱 적극적으로 참여할 수 있다. 파트장의 주요 역할은 영적 인도가 아니라, 음악적 지원이다.

(c) 송리더 인도법의 기대 효과

모양음표의 활용과 송리더 인도법을 통해 교회는 아카펠라 찬송의 어려움을 완화하고, 예배에서 아카펠라 찬송을 보다 효과적으로 실천할 수 있을 것으로 기대된다.

〈요점〉
송리더는 영적 메시지와 행동을 통해 회중 찬송을 인도하며, 파트장은 음악적 지원을 통해 회중이 각 성부를 쉽게 따라 부를 수 있도록 돕는다. 이 시스템은 아카펠라 찬송의 어려움을 완화하고 회중의 찬송 참여를 촉진한다. 모양음표와 송리더 인도법을 활용해 교회 예배에서 아카펠라 찬송을 효과적으로 실천할 수 있다.

(2) 송리더 훈련

(a) 파트장을 위한 3가지 지도 요소

찬송 인도자는 파트장들에게 동기, 목표, 목적의 세 가지 요소를 염두에 두고 지도해야 한다.

ⓐ 동기
파트장으로서의 사명감을 부여하여 책임감과 헌신의 동기를 갖게 한다.

ⓑ 목표
파트장들이 나아갈 방향을 제시하여 역할에 대한 만족감과 안정감을 높인다.

ⓒ 목적
헌신의 가치와 의미를 깨닫고 대가를 기꺼이 치를 수 있는 목적을 발견하도록 격려한다.

이 세 가지 요소는 파트장들이 미래지향적인 리더로서 성장하는 데 도움을 준다. 찬송 인도자는 파트장과 영적 관계를 형성하고, 그들의 리더십을 존중해야 한다.

(b) 파트장 훈련 지침: 웨버의 '예배의 변혁 방법론' 적용

ⓐ 예배를 위한 시간 확보
예배는 하나님께 드리는 가장 가치 있는 활동이다. 파트장들은 예배 준비에 필요한 시간을 따로 마련하여 양질의 영성과 음악성을 기르도록 훈련해야 한다.

ⓑ 삶과 사역에 복음 적용
기독교 영성의 중심은 예수 그리스도의 탄생, 삶, 죽음, 부활에 대한 이해에 있다. 파트장들은 복음을 삶에 적용하여 그리스도를 본받는 삶을 실천해야 한다.

ⓒ 교회의 의미 경험
교회는 그리스도의 몸으로서 유기적으로 연결된 공동체이다(엡 2:21, 4:16). 파트장들은 이 공동체 속에서 서로 사랑하고 돌보는 관계를 통해 교회의 본질을 체험하고, 온전한 찬송을 인도하도록 한다.

ⓓ 회중과의 관계 강화
파트장은 '연예인형 찬송 사역자'가 아닌, 회중과 함께 영적 교제를 나누는 인도자로서 소그룹 모임을 통해 회중과의 관계를 강화해야 한다.

ⓒ 은사 활용

찬송은 하나님께 올리는 향기로운 기도이다. 성도들이 예배 중 자유롭게 하나님의 임재에 반응하도록 격려하며, 파트장과 회중의 은사를 찬송을 통해 발휘하도록 돕는다. 파트장은 찬송이 예배의 적극적 고백의 시간임을 기억하고 이를 통해 성도들의 영적 활동을 장려해야 한다.

〈요점〉

파트장은 사명감(동기), 역할 방향(목표), 헌신의 가치(목적)를 통해 지도받아 미래지향적인 리더로 성장해야 한다.

파트장 훈련은 예배 준비와 복음 적용, 교회의 본질 체험, 회중과의 관계 강화, 은사 활용을 중심으로 한다.

파트장은 단순한 지도자가 아닌 회중과 영적 교제를 나누는 인도자로서 역할을 수행해야 한다.

(3) 찬송곡 형식에 대한 이해와 공유

찬송 인도자가 파트장들과 찬송의 형식과 구조를 공유하지 못한다면, 정교한 찬송 인도는 어려워진다. 따라서 찬송 인도자는 곡의 음악적 구조와 형식, 기능에 대해 명확히 이해하고 이를 파트장들과 공유할 수 있어야 한다. 곡의 형식과 구조를 깊이 이해하면 찬송을 효과적으로 인도할 뿐 아니라, 창작 활동에도 큰 도움이 된다.

(a) 찬송 악곡의 구성단위

악곡에 가장 작은 단위를 모티브(Motive)라고 한다. 모티브는 보통 1
마디에서 길게는 3마디까지의 짧은 테마를 말한다. 모티브는 상행과 하
행 또는 혼합 형태의 구조로 이루어지며, 독특한 개성과 이미지가 부여된
다. [악보 2] '임마누엘' 곡을 보면 소프라노 기준으로 2마디까지 모티브이
다. 모티브는 다시 두 개의 부분 동기(Teil-Motiv)로 나눈다. 더욱 중요한
음에 강조점을 두는데, 이 곡의 경우 부분동기 1에 특히 '도'음에 강조점
이 있다.

[악보 1]

이 곡은 2마디의 모티브를 활용하여 아름답게 작곡된 곡이다. 이 모티브는 프레이즈(Phrase)로 발전되고 프레이즈가 피어리어드(Period)로 발전한다. 프레이즈는 2개의 모티브로 구성되는데, 임마누엘 곡에 경우 4마디까지이다. 프레이즈 안에는 모티브와 그 모티브에 대한 응답(Answer)이 모티브의 모방형태로 대응한다[악보 1]. 피어리어드는 이 두 개의 프레이즈로 이루어져 있으며, 이 곡에는 8마디까지이다. 피어리어드가 하나로 구성된 곡이면 한 도막 형식이고, 두 개로 구성되어 있으면 두 도막 형식, 그리고 그와 같은 이유로 세 도막 형식도 있다. 임마누엘은 두 개의 피어리어드로 형성되어 있으므로 두 도막 형식이다. 클래식 용어 두 도막 형식은 실용음악에서 'AB형식'이라고도 한다. 그러나 두 도막 형식은 일반적으로 B파트가 A파트의 모방형인데, B파트는 A파트를 보완한 형태이므로 A¨의 표현이 맞다. 그러므로 정확히 표현하자면 'AA¨ 형식'이 되는 것을 이해하도록 한다.

아카펠라로 교회음악을 노래하다

임마누엘, 임마누엘

Bob Mc Gee
arr. Pam Stephenson

[악보 2]

〈요점〉

찬송 인도자는 곡의 음악적 구조와 형식을 명확히 이해하고 이를 파트 장들과 공유해야 한다.

악곡의 가장 작은 구성단위는 '모티브'로, 짧은 테마로 곡의 개성을 표현한다.

모티브가 발전하여 '프레이즈'를 형성하고, 두 개의 프레이즈가 모여 '피어리어드'가 된다.

곡의 형식은 피어리어드의 수에 따라 한 도막, 두 도막, 세 도막 형식으로 나뉘며, 실용음악에서는 두 도막 형식을 'AB형식' 또는 'AA''형식'으로도 표현한다.

(b) 송폼의 이해와 공유

악식(Musical Form)은 곡의 형식을 말하며, 주로 송폼(Song Form)이라고 부른다. 송폼의 구성단위는 벌스(Verse)와 프리코러스(Pre-Chorus) 그리고 코러스(Chorus)와 브릿지(Bridge)이다. 벌스(Verse)는 곡의 도입부를 의미하고 클래식 용어 서주부와 같은 의미로 사용한다. 코러스(Chorus)는 'Sabi' 또는 'Hook' 그리고 후렴 등으로 부르기도 하는데, 대중음악 장르인 후크송(Hook Song)는 도입이 없이 바로 주선율이 나오기 때문에 붙여진 용어이다. 코러스는 곡의 주제를 표현하는 핵심 파트이다. 브릿지(Bridge)는 서로 다른 두 파트를 연결하는 파트이며, 프리코러스(Pre-Chorus)는 'Transitional Bridge'라고도 불리는데, 벌스와 코러스 사이에 놓여 두 파트를 연결하고 대비시키는 역할을 한다. 이 외에도 인트로(Intro), 인터루드(Interlude), 아웃트로(Outro)가 있다. 인트로(Intro)는 곡의 주 멜로디의 시작 즉, 벌스로 가기 위한 곡의 시작 부분을 말한다. 인터루드(Interlude)는 간주를 말하며, 아웃트로(Outro)는 보통 엔딩파트(Ending part)라고도 부르는데, 곡의 후주를 말한다. 다음은 위의 송폼(Song Form)에 이해를 바탕으로 [악보 3] 축복송의 구성을 살펴보도록 하겠다. 악보를 보면 1마디부터 8마디까지 'A 파트'로 정하고 9마디부터 16마디까지를 'B 파트'로 정해서 총 2개의 구성 A-B의 진행을 한다. 송리더 인도법을 활용하여 파트장들과 '[A - B] × 2 - B - B(느리게) - A - B'의 구성으로 찬송곡을 인도하는 것을 가정하여 예를 들어 볼 것이다. 'A-B'가 의미하는 것은 전체를 한 번 반복하는 것이다. 그리고 '[A-B] × 2'가 의미하는 것은 전체를 두 번 반복한다는 것이다. 또한 B-B는 9마디부터 16마디로 정한 'B 파트'를 두 번 반복하는 것이다. 여기서 두 번째 반복할 때 느린 템포로 부르고 그 템포를 유지한 상태에서 'A-B' 전체를 한 번 더 부른다는 의미이다. 이렇게 구성을 나누는 이유는 파트장들과 곡의 진행을 한눈에 볼 수 있게 공유하려는 목적에 있다.

〈요점〉

송폼(Song Form)은 곡의 구조로, 주요 구성 요소에는 벌스(Verse), 프리코러스(Pre-Chorus), 코러스(Chorus), 브릿지(Bridge), 인트로(Intro), 인터루드(Interlude), 아웃트로(Outro)가 포함된다.

벌스는 도입부, 코러스는 곡의 주제를 강조하는 부분, 브릿지는 연결, 프리코러스는 전환 역할을 하며, 인트로와 아웃트로는 시작과 끝을 정의한다.

송리더는 파트장들과 곡의 구조와 진행 방식을 공유하여 예배에서의 찬송곡을 효과적으로 인도할 수 있도록 한다.

축 복 송

전상길
편곡: 고은주

[악보 3]

아카펠라로 교회음악을 노래하다

(4) 모양음표(Shape Notes) 악보: 형성과 발전

(a) 모양음표의 정의

모양음표 악보는 18세기 말과 19세기 초 미국에서 발전한 독창적인 음악 표기법으로, 각 음표에 고유한 모양을 부여하여 음정의 높낮이를 직관적으로 구분할 수 있도록 고안된 시스템이다. 이 표기법은 주로 찬송가 교육을 위해 발전하여, 당시 음악 교육에 혁신을 가져왔다. 모양음표는 교회 공동체와 일반 대중이 음악을 쉽게 배우고 참여할 수 있도록 돕는 중요한 도구로 자리 잡았다. 홍정수는 자신의 음악사전에서 'Shape Notes'를 '모형 음표'로, 전정임은 '도형 음표'로 번역하였다. 현재 한국에서는 이 음표 체계를 많이 사용하지 않기 때문에 용어 통일에 대한 논의는 활발하지 않은 상황이다. 'Shape Notes'의 한글 번역으로는 모양 음표, 형태 음표, 도형 음표, 기호 음표 등이 사용될 수 있으며, 이 체계는 음악적 배경이 없는 사람이나 어린이도 쉽게 따라 부를 수 있도록 고안된 것이 특징이다. 여기에서는 발음이 쉬우면서도 영문 의미를 잘 전달할 수 있는 '모양음표'라는 용어를 사용하기로 한다.

(b) 역사적 배경

모양음표는 18세기 후반 영국에서 도입되어 미국의 교회와 신앙 공동체를 중심으로 발전하였다. 당시 미국에서는 성가대 및 교회음악 교육이 주로 구전이나 제한된 악보 체계를 통해 이루어졌으며, 이를 보완할 보다 간단하고 이해하기 쉬운 음악 교육 방식이 요구되었다. 이러한 배경에서 모양음표 시스템이 개발되었다.

모양음표의 초기 형태는 '파솔라(fasola)' 방식에서 비롯되었다. 이는 6음 헥사코드(hexa chord)를 단순화하여 4개 음으로 구성한 방식으로, 영국과 미국에서 사용된 '솔페지오'의 변형이다. 1801년, 윌리엄 리틀(William Little)과 윌리엄 스미스(William Smith)가 출판한 성가집 *The Easy Instructor*에서 모양음표가 공식적으로 채택되었다. 이후 모양음표는 19세기 초 미국에서 일어난 제2차 대각성 운동과 밀접하게 연관되었으며, 특히 그리스도의교회(Church of Christ) 찬송가에서 주로 사용되어 타 교파의 찬송가와 구별되는 특징을 갖게 되었다.

(c) 모양음표의 특징

모양음표의 7음계 표기법은 각 음절에 특정한 모양을 부여함으로써, 음정을 쉽게 구분하고 노래를 배울 수 있도록 설계되었다.

Do는 삼각형(△), Re는 반달 모양(◗), Mi는 다이아몬드(◇), Fa는 오른 삼각형(◺), Sol은 원(○), La는 사각형(□), Ti는 둥근 삼각형(♡)로 표시된다. 이 시스템은 전통적인 악보에 익숙하지 않은 사람들도 쉽게 배울 수 있도록 도와주며, 교회와 신앙 공동체에서 특히 유용하게 사용되었다.

모양음표의 가장 큰 장점은 음정의 높낮이를 시각적으로 쉽게 파악할 수 있다는 점이다. 각 음정에 부여된 독특한 모양은 음을 직관적으로 인식

아카펠라로 교회음악을 노래하다

하게 하여, 악기 연주가 없는 회중 찬송에서도 조화로운 찬송을 가능하게 한다. 모양음표는 주로 회중 찬송에 활용되었으며, 성가대와 회중이 교창 형식으로 번갈아 찬송할 때 특히 유용하다. 교창 형식은 리듬과 멜로디를 주고받는 방식으로 찬송가를 부르는 데 유리하며, 회중의 참여를 이끌고 공동체의 결속력을 강화하는 역할을 한다. 모양음표를 활용한 악보는 교육을 받지 않은 회중도 음악 교육 없이 찬송가를 배울 수 있게 하였다. 모양음표는 아카펠라 찬송을 부르는 교회들의 찬송 활동에 큰 도움을 주었으며 아카펠라 찬양을 지속적으로 부르게 할 수 있는 역할을 하였다.

〈요점〉

모양음표는 18세기 말 미국에서 찬송가 교육을 위해 개발된 표기법으로, 각 음에 고유한 모양을 부여해 음정을 쉽게 구분하도록 설계되었다.

모양음표는 제2차 대각성 운동과 교회 음악 교육의 요구에서 발전하였으며, 특히 그리스도의교회에서 많이 사용되었다.

각 음정을 삼각형, 반달, 다이아몬드 등으로 표기하여 회중이 직관적으로 음을 인식하게 함으로써, 악기 없이도 조화로운 찬송을 가능하게 한다.

이 표기법은 교육을 받지 않은 회중도 쉽게 찬송가를 배울 수 있게 돕고, 신앙 공동체의 결속을 강화하는 도구로서 역할을 한다.

(d) 모양음표 활용 예시

모양음표는 음의 높낮이에 따라 일정한 기호로 표기하기 때문에 음표 인식이 상대적으로 쉽다. [악보 4]는 높은음자리표와 낮은음자리표에 모양음표를 사용하여 음계를 기록한 것이다.

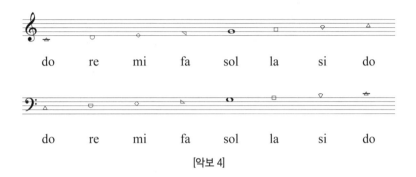

do   re   mi   fa   sol   la   si   do

do   re   mi   fa   sol   la   si   do

[악보 4]

보이는 것처럼 모양음표는 '△→do, ∪→re, ◇→mi, ▽→fa, ○→sol, □→la, ▽→si'를 음표에 사용하여 음의 구분을 쉽게 하고 있다. [악보 5]를 보면 G Key인데, 키가 바뀌더라도 으뜸음 솔 자리가 모양음표 '△'로 표기 되어 '도'라고 쉽게 읽을 수 있다.[12] 이것이 미국 그리스도의교회들이 모양음표를 사용하는 이유이다. 아카펠라 찬송 인도자는 이러한 면에서 4부 악보를 모양음표로 편집, 수정하여 사용할 필요가 있다.

do   re   mi   fa   sol   la   si   do

[악보 5]

12) G키에서 솔자리는 상대음계 도가 되어 읽음.

(e) 모양음표 활용법

활용적인 면에서 모양음표의 우수성을 살펴보기 위해 다음의 일반 음
표 표기 악보인 '주 예수보다 더 귀한 것 없네'를 통해 일반적인 시창 과정
을 살펴보도록 하겠다[악보 6].

[악보 6]

곡을 알면 쉽게 부를 수 있지만 생소한 곡인 경우 기록된 멜로디의 선
율을 읽는다는 것이 상당히 까다롭다. 소프라노 성부를 읽으려면 먼저
조성을 알아야 한다. 이 곡의 조성 표시에서 플랫(♭)이 시와 미, 라와 레
그리고 솔에 붙는다. 조성은 보통 두 가지 방법을 통해 알 수 있는데, 첫
번째는 표시된 조표를 보고 조를 계산한다. 장조의 구조는 첫 음인 으뜸
음(Tonic)부터 시작하여 3번째와 4번째 음 사이, 그리고 7번째와 8번째
(옥타브)음 사이가 반음 간격이고 나머지는 온음 간격이다. 그러므로 이
곡의 조성은 'D♭'조이다. 그리고 두 번째 방법은 조표 맨 마지막 바로 전

플랫의 음을 조성으로 읽는 것으로 이 곡의 조성은 'Db'조가 된다. 이 같은 과정으로 조성을 판단하게 되면 다음으로는 시창을 시도해야 한다. 먼저 그 조성의 첫 음인 으뜸음 'Db'음의 소리를 발성을 통해 내야 한다.

Db   Eb   F   Gb   Ab   Bb   C   Db

[악보 7]

[악보 7]는 그의 조성에 맞는 음계명을 적은 것이다. 하지만 예배 시 회중들이 이러한 음악적 시스템을 알고 시창하는 것은 쉽지 않다. 이어 조성을 인식하고 음의 간격을 파악해야 한다. 예를 들어 '주 예수보다 더'라는 가사의 음계를 확인해보겠다. '주'는 Db으로 1도(Tonic)이고 다음 나오는 '예'는 F음으로 3도(Mediant)이다. 이 두 음의 간격은 '장 3도(Major Third)'이며, 계속해서 나오는 가사 '예수보다'는 F음이 반복되고, 가사 '더'는 'Ab'으로 5도(Dominant)이다. 그렇다면 3도와 5도의 간격에 의해 두음의 음정은 '단 3도(Minor Third)'로 분석된다. 이렇게 간격을 파악해야 정확히 시창할 수 있다. 마지막 단계는 리듬을 읽는 것인데, 박자와 비트, 강세와 장르별 특징들을 잘 알고 있어야 리듬을 읽을 수 있다. 이처럼 찬송을 노래한다는 것은 많은 과정을 거쳐 부를 수 있는 것이다. 이와 같은 음악적 어려움 때문에 '아카펠라가 찬송에 적합한가?'라는 의문이 드는 것이다. [악보 8]을 보면 조성의 차이에도 불구하고 결국 첫 음(으뜸음)을 기준으로 나열된 음의 간격은 같다. 이렇게 음을 읽는 것을 이동도법(Movable Do)이라고 한다.

아카펠라로 교회음악을 노래하다

이동	Db	Eb	F	Gb	Ab	Bb	C	Db
도법	do	re	mi	fa	sol	la	si	do

[악보 8]

이동도법의 장점은 상대음감을 통해 음표의 높낮이를 쉽게 읽을 수 있는 것이다. 하지만 기존 악보 체계로 이동도법으로 악보를 읽는 것은 쉬운 일이 아니다. 이 역시 많은 연습과 훈련이 필요하다. 이처럼 찬송 악보의 시창에 어려움 때문에 처음 아카펠라 찬송을 접하는 성도들은 찬송 부르는 것에 어려움을 겪게 될 수 있다. 이러한 어려움을 극복하기 위해 등장한 것이 바로 모양음표이다. '주 예수보다 더 귀한 것은 없네' 모양음표 악보를 [악보 9]에서 확인하자.

주 예수보다 더 귀한 것은 없네

I'd rather have Jesus

또한 모든 것을 해로 여김은
내 주 그리스도 예수를 아는 지식이 가장 고상하기 때문이라... -빌립보서 3:8

G. B. Shea

[악보 9]

앞에서 다뤘던 것처럼 '△→do, ∪→re, ◇→mi, ◸→fa, ○→sol, □→la, ▽→si'를 음표 대신 사용하고 있어 어떤 음이 1도인지 바로 구분할 수 있다. 모양음표에서는 일반 음표 표기에서처럼 분석이 필요 없다. 소프라노 성부 가사 기준으로 '주'는 '△'으로 표시되어 있다. 그럼 '도'로 읽으면 된다. 그리고 '예수 보다'는 '마름모' 표시이다. 이것은 '미'로 읽는다. 또 한 '더'는 일반 음표 표시이므로 '솔'로 읽는다. 여기에 리듬을 붙여 읽으면 시창이 가능하다. 모양음표는 일반 음표를 읽는 데 필요한 음악적 역량과 비교할 수 없을 정도로 간단하다. 모양음표는 조성의 파악도 필요 없다. 모양음표에서 조성은 하나이기 때문이다.[13] 미국 아카펠라 교회들은 대부분 모양음표 악보를 활용하여 찬송하는데, 어린이들에게 악보에 표기된 모양들을 재미있게 가르쳐 찬송에 흥미가 있도록 교육한다. 이것이 아카펠라 찬송에 모양음표를 활용하도록 하는 이유이다. 그러므로 한국 아카펠라 찬송 악보에 모양음표를 활용하여 표기할 것을 제안한다.

(5) 찬송 인도 모션을 활용한 인도법

비언어적 커뮤니케이션은 비언어적 수단을 이용해 표현한 메시지의 전달을 의미한다. 찬송 인도는 미리 작성한 콘티 노트와 리허설 노트에 의해 기획되며 실현된다. 하지만 예배 찬송의 현장은 리허설 노트의 계

13) 조성이 하나라는 것은 실제적으로 조성이 하나만 존재한다는 의미가 아니다. 일반 음표와 같이 조성은 다양하게 존재하지만, 모양음표에 의해 시창 시 결국 같은 조성으로 쉽게 인식된다는 것을 의미한다.

획 그대로 진행하지 못하는 경우도 많다. 그것은 단순히 음악적 실수에서 비롯될 수도 있고, 회중의 영적 분위기를 살핀 인도자의 순간적인 판단일 수도 있다. 찬송 인도자는 의도적이든, 아니든 이와 같은 유동적인 상황에 대해 유연히 대처해야 한다. 유연하지 못한 대처는 회중과 파트장들에게 혼란을 주고, 예배 찬송의 흐름과 분위기를 흐릴 수 있다. 따라서 찬송 인도 시 유동적인 흐름에 대한 유연한 대처 방안으로 찬송 인도모션을 개발하여 제공하고자 한다. 나아가 찬송 인도 모션은 파트장들과미리 약속한 송폼의 흐름을 찬송 인도 중에 다시 한번 주지시켜 실수를방지할 수 있는 효과를 얻게 할 수 있다. 예배 찬송 중에는 찬송 인도자와파트장들이 찬송을 부르는 중이기 때문에 대화로 소통하는 것이 거의 불가능하다. 하지만 여기서 제안한 '찬송 인도 모션'을 활용하여 소통한다면 찬송 인도자의 의도를 파트장들에게 표현할 수 있다. 찬송 인도 모션은 첫째, 파트 모션, 둘째, 진행 모션, 셋째, 복합 모션 세 가지로 정리된다. 파트 모션은 곡 송폼의 벌스, 혹은 코러스, 브릿지 등으로 이동할 수있도록 하는 동작이다. 또 진행 모션이란 후렴구 반복, 곡의 정지, 속도와키의 높낮이, 다음 곡으로 곡 변환, 곡의 시작 여부를 손동작 등을 통해소통하도록 한다. 마지막으로 복합 모션은 파트 모션과 진행 모션을 동시에 표현할 수 있도록 만들어진 모션이다.

(a) 파트 모션(Part Motion)

파트 모션은 헤드 모션, 코러스 모션, 브릿지 모션 세 가지가 있다. 각기능과 활용법은 다음과 같다.

ⓐ 헤드 모션(Head Motion)

헤드 모션은 머리(Head)라는 단어를 활용한 모션으로, 인트로 또는 벌스로 가는 것을 의미한다. 보통 공예배에 쓰이는 아카펠라 찬송은 인트로가 없기 때문에 벌스라고 해도 무리가 없다. 손가락으로 이마 왼쪽 혹은 오른쪽을 두 번 또는 세 번 두드리는 것으로 헤드 모션을 표현한다. 이러한 모션은 밴드 합주(특히 재즈)에서도 많이 활용되고 있다.

ⓑ 코러스 모션(Chorus Motion)

코러스는 주로 후렴구이다. 이 모션은 후렴구가 곡 '뒤'에 있는 것을 연상해 개발한 모션이다. 인도자는 찬송 진행 중 코러스로 진행하길 원하면 손을 들어 오른손 혹은 왼손바닥을 머리 뒷면(뒤통수)에 위치하는 것으로 코러스 모션을 표현한다.

ⓒ 브릿지 모션(Bridge Motion)

브릿지는 파트와 파트 사이를 연결해주는 짧은 구간이다. 주로 벌스에서 코러스 사이나 코러스와 코러스 사이, 그리고 코러스와 새로운 구간을 연결하기 위한 구간이다. 이것은 오른쪽 또는 왼쪽 넓적다리(다리 바깥쪽)를 손바닥으로 두드림으로 브릿지 모션을 표현한다.

(b) 진행 모션(Progression Motion)

진행 모션은 찬송 곡을 인도할 때 곡의 진행 방식을 말한다. 진행 방식의 요소는 반복, 멈춤, 빠르기, 조성, 등이 있다. 여기에 곡의 정지와 시작

아카펠라로 교회음악을 노래하다

등의 모션을 추가하여 아카펠라 찬송 인도에 도움이 되도록 한다.

ⓐ 반복 모션(Replay Motion)

후렴구 반복 등은 찬송 진행 기법 중 가장 많이 사용하는 기법 중 하나이다. 찬송 인도자는 후렴구를 반복하길 원한다면 손을 들어 목에서 머리 정도의 위치에서 엄지와 검지 피고 나머지 손가락은 접고(가위손) 손을 돌려 회전하여 반복 모션을 표현한다.

ⓑ 스톱 모션(Stop Motion)

스톱 모손은 곡을 정지시킬 때 쓴 모션이다. 손을 먼저 인도자의 얼굴까지 올리고 주먹을 쥐는 행동으로 스톱 모션을 표현한다.

ⓒ 빠르기 모션(Tempo Motion)

빠르기 모션은 곡의 속도를 느리게 혹은 빠르게 할 때 쓰인다. 주로 빠른 후렴을 부르다가 속도의 변화를 주어 느리게 하면 감동스럽고 짙은 애절함의 느낌을 낼 수 있다. 검지손가락을 펴고 나머지 손가락은 접는다. 그리고 손을 위로 올리고 내리고를 반복한다. 이러한 행동을 멈출 때 까지 파트장들은 속도를 계속 올려야 한다. 반대로 손을 내려 아래로 향하며 올리고 내리면 속도를 내린다.

ⓓ 키 모션(Key Motion)

키 모션은 후렴구에서 다음 곡의 키로 변경하거나, 한 곡 안에서 단조로움을 피하기 위해 키를 업한다. 찬송에서는 주로 한 키씩 이동하는데,

반키라는 용어는 잘못된 용어이다. 예를 들어 C 키의 한 키 위는 C#이다. 많은 사람들이 C와 C#은 반음 간격이라 '반키'라는 용어를 쓰지만 그것은 잘못된 표현이므로 '한 키'라는 용어를 쓰도록 한다. 이것은 엄지손가락을 피고 다른 손가락은 접어(Good 표시) 엄지를 위로 해서 위로 올리면 키를 '한 키' 올린다. 반대로 내리면 '한 키 다운'한다. 그러나 보통 찬송 인도에서는 '키 다운'은 사용하지 않는다.

ⓔ 넥스트 모션(Next Motion)

넥스트 모션은 부르던 곡을 다 부르고, 연이어 다음 곡으로 넘어가는 것을 의미한다. 이것은 파트장들을 바라보고 고개를 여러 번 끄덕이는 것으로 넥스트 모션을 표현한다.

ⓕ 시작 모션(Start Motion)

시작 모션은 넥스트 모션과 같은 방식으로 표현한다. 이 두 모션의 차이는 곡을 부르는 중에 다음 곡으로 넘어가는 것이 넥스트 모션이고, 시작 모션은 정지 된 상태에서 시작하는 것을 말한다.

(c) 복합 모션(Complex Motion)

복합 모션은 이중적 행동 양식을 갖는 것을 말한다. 복합 모션은 후렴의 속도를 점점 느리게 하면서 다시 후렴을 반복하는 모션이다. 이러한 복합 모션은 속도 다운 모션을 하되 원을 그리면서 동작하는 것으로 표현한다.

아카펠라로 교회음악을 노래하다

〈요점〉

찬송 인도 모션은 예배 중 유동적 상황에 유연히 대처하며 회중과 소통을 돕는 비언어적 커뮤니케이션 방식이다.

파트 모션(Head, Chorus, Bridge)과 진행 모션(반복, 스톱, 빠르기, 키 변경, 넥스트, 시작)으로 인도자의 의도를 효과적으로 전달한다.

복합 모션은 속도 변화와 반복을 동시에 지시하는 복합적 동작으로, 찬송 인도의 흐름을 유연하게 조율할 수 있다.

각 챕터의 요점은 다음과 같다.

(1) 송리더 인도법의 시스템 구성

송리더는 영적 메시지와 행동을 통해 회중 찬송을 인도하며, 파트장은 음악적 지원을 통해 회중이 각 성부를 쉽게 따라 부를 수 있도록 돕는다. 이 시스템은 아카펠라 찬송의 어려움을 완화하고 회중의 찬송 참여를 촉진한다. 모양음표와 송리더 인도법을 활용해 교회 예배에서 아카펠라 찬송을 효과적으로 실천할 수 있다.

(2) 송리더 훈련

파트장은 사명감(동기), 역할 방향(목표), 헌신의 가치(목적)를 통해 지도받아 미래지향적인 리더로 성장해야 한다. 파트장 훈련은 예배 준비와 복음 적용, 교회의 본질 체험, 회중과의 관계 강화, 은사 활용을 중심으로 한다. 파트장은 단순한 지도자가 아닌 회중과 영적 교제를 나누는 인도자로서 역할을 수행해야 한다.

(3) 찬송곡 형식에 대한 이해와 공유

찬송 인도자는 곡의 음악적 구조와 형식을 명확히 이해하고 이를 파트장들과 공유해야 한다. 악곡의 가장 작은 구성단위는 '모티브'로, 짧은 테마로 곡의 개성을 표현한다. 모티브가 발전하여 '프레이즈'를 형성하고, 두 개의 프레이즈가 모여 '피어리어드'가 된다. 곡의 형식은 피어리어드의 수에 따라 한 도막, 두 도막, 세 도막 형식으로 나뉘며, 실용음악에서는 두 도막 형식을 'AB형식' 또는 'AA¨형식'으로도 표현한다.

송폼(Song Form)은 곡의 구조로, 주요 구성 요소에는 벌스(Verse), 프리코러스(Pre-Chorus), 코러스(Chorus), 브릿지(Bridge), 인트로(Intro), 인터루드(Interlude), 아웃트로(Outro)가 포함된다. 벌스는 도입부, 코러스는 곡의 주제를 강조하는 부분, 브릿지는 연결, 프리코러스는 전환 역할을 하며, 인트로와 아웃트로는 시작과 끝을 정의한다. 송리더는 파트장들과 곡의 구조와 진행 방식을 공유하여 예배에서의 찬송곡을 효과적으로 인도할 수 있도록 한다.

(4) 모양음표 악보: 형성과 발전

모양음표는 영국에서 개발되어 미국에서 찬송가 교육 등에 사용하기 위해 발전된 표기법으로, 각 음에 고유한 모양을 부여해 음정을 쉽게 구분하도록 설계되었다. 모양음표는 제2차 대각성 운동과 교회 음악 교육의 요구에서 발전하였으며, 특히 그리스도의교회에서 많이 사용되었다. 각 음정을 삼각형, 반달, 다이아몬드 등으로 표기하여 회중이 직관적으로 음을 인식하게 함으로써, 악기 없이도 4성부 찬송 활동을 가능하게 한다. 이 표기법은 교육을 받지 않은 회중도 쉽게 찬송가를 배울 수 있게 돕고, 신앙 공동체의 결속을 강화하는 도구로서 역할을 한다.

(5) 찬송 인도 모션을 활용한 인도법

찬송 인도 모션은 예배 중 유동적 상황에 유연히 대처하며 회중과 소통을 돕는 비언어적 커뮤니케이션 방식이다. 파트 모션(Head, Chorus, Bridge)과 진행 모션(반복, 스톱, 빠르기, 키 변경, 넥스트, 시작)으로 인도자의 의도를 효과적으로 전달한다. 복합 모션은 속도 변화와 반복을 동시에 지시하는 복합적 동작으로, 찬송 인도의 흐름을 유연하게 조율할 수 있다.

문제

① 송리더는 영적 메시지와 행동을 통해 회중 찬송을 인도한다.　　(Yes/No)

② 파트장은 회중이 각 성부를 쉽게 따라 부를 수 있도록 음악적
　　지원을 제공한다.　　(Yes/No)

③ 영국에서 개발된 모양음표는 미국에서 발전되었고, 특히 찬
　　송 교육을 위해 개발되었다.　　(Yes/No)

④ 찬송 인도 모션은 멘트를 통해 회중 또는 송리더들과 소통할
　　수 있는 방법이다.　　(Yes/No)

⑤ 모양음표는 음정을 쉽게 구분할 수 있도록 각 음표에 고유한
　　모양을 부여했다.　　(Yes/No)

⑥ 찬송곡의 가장 작은 구성단위는 무엇인가?
　　a) 모티브
　　b) 피어리어드

⑦ 두 개의 프레이즈로 이루어진 곡 형식을 무엇이라고 하는가?
　　a) 두 도막 형식
　　b) 세 도막 형식

⑧ 벌스는 곡의 어떤 부분을 담당하는가?
　　a) 도입부
　　b) 후렴

⑨ 쉐이프 노트(Shape Notes)는 각 음절에 특정한 (　　)을 부여하여 음정을 쉽게
　　구분할 수 있다.

⑩ 찬송 인도 모션은 예배 중 유동적인 흐름에 대한 유연한 (　　) 방안이다.

모범 답안 240페이지 참조

V

아카펠라 찬송의 분류와
음악적 분석

본 챕터에서는 찬송의 형식을 보편적 찬송, 돌림노래, 화답식 찬송의 세 가지로 분류하여 분석한다. 이러한 분류는 아카펠라 찬송에 국한된 것은 아니지만, 현재 국내에서 사용되는 4부 찬송곡을 포괄적으로 구분하는 데 적합하여 채택하였다.

분석 대상은 한국 그리스도의교회에서 창작된 4부 아카펠라 찬송 3곡과 대중적인 찬송 3곡으로, 총 6곡을 선정하였다. 본 챕터의 초점은 음악적 분석에 두고 있으며, 음악 용어는 간단히 설명한다. 분석에 필요한 악보는 모양음표 악보를 사용하여 모양음표 활성화에 기여하고자 한다.

나아가 기악 찬송에서는 음악적 분석이 활발히 연구되고 있는 반면, 아카펠라 찬송에 대한 음악적 분석은 미흡한 상황이다. 이 분석이 아카펠라 찬송 창작과 4성부 편곡 기법 연구의 선행 자료로 활용되기를 기대하며, 창작자들에게 유익한 아이디어를 제공할 수 있을 것이다.

아카펠라로 교회음악을 노래하다

1. 보편적 찬송

(1) 주 앞에 나아와

(a) '주 앞에 나아와'의 개요 및 구조와 형식

ⓐ 개요

'주 앞에 나아와'는 한국 그리스도의 교회 '찬송가 위원회'에서 발행한 찬송집 아카펠라 100곡에 수록된 곡으로 고은주가 작사, 작곡 및 편곡한 4성부 회중 찬송곡이다. 전상길이 기획한 '아카펠라 2집'에 수록된 음원이다.

ⓑ 구조

E♭ Major 조성이며 총 16마디로 이루어져 있다. M.M. ♩=72 에 $\frac{4}{4}$의 전형적인 한국 감성의 발라드 찬송이다. M.M.은 'Mälzelsmetronom'의 약자로 ♩= 뒤에 숫자를 표기하여 1분 동안 연주되는 ♩음표의 수를 나타낸다. 이후론 줄여 ♩= 로 표기하기로 한다. 보컬 파트는 소프라노, 알토, 테너, 베이스로 구성된 4성부 찬송 곡이다.

ⓒ **형식**

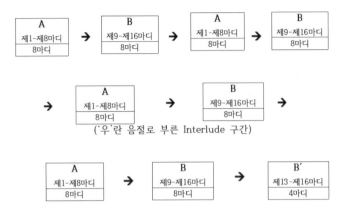

[그림 1 '주 앞에 나아와' 곡의 형식]

　[그림 1]에서 볼 수 있는 곡의 형식은 처음 8마디 'Verse(A)'[14]와 다음 8
마디의 'Chorus(B)'[15] 두 파트를 순차적으로 반복하여 부르는 단순하고
일반적인 형식이다.[16] '아카펠라 2집'에 수록된 음원에서는 A-B가 두 번
반복된 이후 다시 A-B를 '우'란 음절로 한 번 더 부르고 마지막으로 A-B
를 한 번 더 부른 후 B의 마지막 네 마디인 B'를 반복하며 끝난다. 중간
A-B에 '우'란 음절로 부른 부분은 'Interlude'[17]로 본다. 마지막으로 B파트
로 마무리하지 않고 B'파트로 후렴의 후반부를 반복하는 것은 outro 효과
를 주어 ending의 느낌을 더욱 두드러지게 하기 위함이다.[18]

---

14) Verse: 곡의 도입부, 대체로 음역대가 낮고 반복되는 유사한 멜로디에 가사가 달라짐.

15) Chorus(Sabi, Hook, 후렴): 곡의 주제를 표현하는 핵심 파트.

16) 이후 편의상 A파트는 'A', B파트는 'B'로 표기하도록 한다.

17) '간주' 또는 '간주곡'이라는 의미. 코러스 단위로 반복되는 주제의 중간에 배치되는 비교적
　　짧은 간주 부분을 가리킨다. 이것이 악곡으로서 독립한 것을 간주곡이라고 한다.

18) Outro: 곡의 끝을 알리는 후주.

(b) '주 앞에 나아와'의 편곡적 특징

ⓐ '패싱 노트(Passing Note)'[19]

[악보 1 '주 앞에 나아와' 제1마디]

[악보 1]을 보면 E♭ Major로 시작되는 1마디에서 같은 음이 지속되는 베이스파트 음을 페달[20]로 보고 제외하면, 나머지 파트의 화음이 2, 4박과는 달리 3번째 박자의 화음이 E♭의 구성음[21]이 아님을 알 수 있다. 오히려 Ddim나 B♭7에 가깝다고 할 수 있다. 그러나 세 번째 박을 다른 코드로 표기하지 않고 E♭ 코드로 유지한다. 이는 코드의 전환이 아닌 2, 4박의 선율이 진행됨에 따라 필연적으로 거쳐 갈 수밖에 없는 '패싱 노트(Passing Note)' 즉, '경과음'이기 때문이다.

---

19) Passing note: 순차 상행 또는 하행 선율의 화성 음들 사이에 놓여 지며 '경과음'이라고 한다.

20) 주로 낮은 음의 긴 지속음을 가리킨다.

21) E♭ 코드의 구성음은 E♭, G, B♭ (7th는 D)이다.

먼저 테너 파트 2, 4번째 박자의 Note를 보면 B♭에서 G로 이동하게 된다.[22] E♭ Major Scale을 보면 B♭과 G의 진행 사이 중간에 끼어있는 음이 바로 A♭이다.[23] 같은 맥락에서 소프라노 2, 4번째 박의 G에서 E♭으로 진행하고 있는 음은 F이다. 이렇게 선율(하행, 또는 상행)이 진행되는 과정 중 다리 역할을 하여 순차적인 진행을 만들어 주는 음을 '경과음(Passing Note)'이라고 한다. 그러므로 1마디에선 코드의 변화 없이 E♭ 코드로 표기된다. 이렇게 '패싱 노트'로 진행되는 곳은 1마디, 3마디, 5마디, 7마디, 9마디, 11마디, 13마디, 15마디 등 총 8마디로 전체 진행의 50% 정도를 차지하고 있다.

ⓑ Pad 계열의 코러스 편곡[24]

[악보 2 '주 앞에 나아와' 제5마디]

---

22) 음표라고 하며, 보표 위에 놓여 음의 높낮이와 음의 길이를 나타낸다.

23) 한 음을 기초로 해서 2도씩 쌓아지는 음계이며, 음정의 질서는 기초로 한 음으로부터 3, 4음 사이와 7, 8음 사이가 반음, 나머지 사이는 온음으로 되어있다.

24) Pad 계열의 화성적 기능은 특정 화음이 지속적으로 유지되면서, 코러스의 배경을 감싸고 화성 진행을 연결하는 데 사용된다. 이 접근법은 화음 간의 전환을 부드럽게 하고, 곡의 감정적 흐름을 강화하는 효과를 제공하며, 특히 페달 포인트나 배경 화음으로서의 역할이 두드러진다.

아카펠라로 교회음악을 노래하다

[악보 2]에서 마디 첫 박에 베이스가 먼저 근음(Root)을 내고 3박 전까지 총 2박 동안 길게 끌어주면, 베이스를 제외한 나머지 파트는 다음 2박에 동시에 다 같이 소리를 내어 화음을 이룬다.[25] 이것은 베이스 파트가 근음과 가사를 강조하는 역할도 하겠지만, 더 중요한 것은 '페달 포인트' 역할이다.[26] 이후에도 베이스 파트는 같은 음이 이어져 총 3박 반 동안, 거의 한마디 전체를 길게 끌어주는 것을 보면 충분히 페달 포인트의 역할을 한다고 볼 수 있다. 결과적으로 다른 파트의 화음들을 베이스 파트가 감싸는 듯 부드러운 느낌을 주게 되었는데, 이런 형태의 편곡을 'Pad 계열의 코러스 편곡'이라 한다. Pad 계열의 코러스 편곡이 사용된 곳은 1마디, 3마디, 5마디, 9마디, 11마디, 13마디이다.

ⓒ 아르페지오(Arpeggio) 편곡[27]

[악보 3 '주 앞에 나아와' 제6마디]

---

25) 3화음을 구성할 때 기초로 한 음을 근음(뿌리음)이라고 하고, 화음이 배치상태를 받을 때 맨 아래 놓이는 음을(Bass)라 한다.

26) 주로 낮은 음의 긴 지속음을 가리키며 페달 포인트(Pedal Point)라고 한다. 페달음은 토닉(으뜸음Ⅰ) 또는 도미넌트(딸림음Ⅴ)의 사용이 많다.

27) 화음의 구성음들을 일정한 타이밍으로 분산시켜 배치한 형태나 그 주법을 아르페지오라 하며 분산화음으로 부르기도 한다.

[악보 3]에서 남성부[28] 3박을 보면, 베이스 성부가 먼저 정박(강박)에서 소릴 내주며, 테너 성부는 '3&박'[29]에 뒤따르듯 소리를 내는 형태이다. 3박 정박으로 시작되는 베이스 성부와는 8분 쉼표만큼의 시간적 간격이 생기는 것이다. 그 뒤 4박째의 화음까지 모두 8분음표 간격으로 일정하고도 순차적으로 연결되어 있다. 테너 한 성부의 약간의 리듬의 변화만으로 '아르페지오(Arpeggio)' 효과를 낸 것이다. 일반적으로 한 음절에서 4성부가 합창을 하는 방식과는 차이가 있다. 획일적인 합창이 아닌 리듬에 약간의 변화로 조금 더 다양하고 새로운 느낌을 줄 수 있다. 이런 아르페지오 편곡이 사용된 곳은 6마디, 14마디의 남성파트다.

(c) '주 앞에 나아와' 종합적 평가

전체 16마디로, Verse(A) 8마디와 다음 Chorus(B) 8마디의 형식의 아주 단순한 회중 찬송 곡으로 볼 수 있다. 그러나 '아카펠라 2집'에 수록된 음원과 같이 A, B의 반복과 Interlude의 활용, B'(마지막 네 마디)의 outro 등의 배치로 단순한 형식에서의 탈피도 가능하다. 또한 획일적인 편곡의 단조로움을 피해 'Passing Note', 'Pad 계열의 코러스 편곡', '아르페지오 편곡' 등을 사용하였다. 이로 인해 '트라이어드(Triad)'에 동일한 리듬이 대부분인 기존 찬송가와는 다른 느낌을 줄 수 있다.[30] 이와 같은 형식의 변

---

28) 여기에서는 소프라노, 알토가 표기된 높은음자리표 보표를 여성부, 테너와 베이스가 표기된 낮은음자리표 보표를 남성부로 표기한다.

29) 4/4박자에서 연음부에 따라 분할되는 박자들의 카운트. 4분음표(강박) 위치는 1, 2, 3, 4로 8분음표로 분할되는 (약박)위치에는 &(또는 같은 발음의 and, +)로 표기함.

30) 3개의 음(1, 3, 5도)으로 구성된 코드를 3화음 또는 트라이어드라고 한다.

아카펠라로 교회음악을 노래하다

화와 편곡기법들을 통해 옛 찬송가들과 음악적 차이를 줄 수 있다. 따라서 이 곡은 현대 음악에 알맞은 편곡기법을 사용한 세련된 찬송 스타일의 곡이라 할 수 있다.

주 앞에 나아와

고은주

주 앞에 나 아 와 찬 양을 드 리 네

나의 입 술 의 고 백을 들 어 주 소 서

주 님의 얼 굴을 보 기 원 합 니 다

진 리 와 영 으로 예 배 드 리 기 원 하 네

[악보 4]

아카펠라로 교회음악을 노래하다

(2) 오직 여호와는

(a) '오직 여호와는'의 개요 및 구조와 형식

ⓐ 개요

'오직 여호와는'은 '아카펠라 100곡'에 수록된 곡으로 전상길 작사, 작곡한 4성부 회중 찬송곡이다. '아카펠라 2집 By 더 트리'에 수록된 곡으로 음원을 편곡하여 악보에 수록했는데, 이는 회중 찬송의 특성을 고려하였기 때문이다. 음반 음원의 베이스 파트는 가사를 부르지 않고 베이스 라인을 "의성어"로 불렀고 곡의 형식이 상이하다. 베이스 라인을 의성어로 표현한 것은 공 예배 찬송에 적합하지 않기 때문에 본 분석은 *아카펠라 100곡*의 악보를 기준으로 한다. 성경 말씀 하바국 2장 20절 "오직 여호와는 그 성전에 계시니…"와 베드로전서 3장 12절 "그러므로 사랑하는 자들아 너희가 이것을 바라보나니 주 앞에서 점도 없고 흠도 없이 평강 가운데서 나타나기를 힘쓰라"의 구절을 중심으로 창작된 곡이다. 성도는 하나님의 성전이니 거룩하고 살아 있는 예배자가 되어야 한다는 것이 이 노래의 중심 주제이다.

ⓑ 구조

E Major 조성이며 총 16마디로 이루어져 있다. ♩=68에 $\frac{4}{4}$의 다소 느린 템포의 한국 감성 발라드 찬송이다. 보컬 파트는 소프라노, 알토, 테너, 베이스로 구성되어 있는 4성부 합창곡이다.

ⓒ 형식

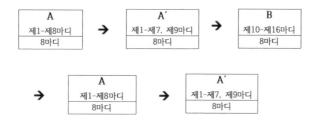

[그림 2 '오직 여호와는' 곡의 형식]

[그림 2]를 보면 A(verse) 8마디, B(chorus) 8마디의 일반적인 형식으로도 볼 수 있다. 그러나 앞에서 언급했던 '주 앞에 나아와'처럼 A 파트, B 파트가 순차적으로 반복되는 형식이 아니므로 악보의 도돌이표, 그리고 그 외의 악상 기호를 잘 숙지해야 한목소리로 부를 수 있다. 처음 8마디 Verse(A) 후 반복해서 다시 A를 부를 땐 7마디에서 퍼스트 엔딩(1st ending)이 있는 마디를 건너뛰고 세컨드 엔딩(2st ending)의 마디로 넘어간다.[31] 이후 8마디의 Chorus(B)를 부른 후 다시 A 돌아가 앞의 순서와 같이 A를 반복하여 부르며 세컨드 엔딩(2st ending)의 9마디에서 끝나는 형식이다. 시간적 상황이나 인도자의 역량에 따라 마지막 A파트는 생략하고 B파트에서 바로 A'파트로 넘어가며 끝내는 [그림 3]과 같은 줄인 형식도 가능하다. 또한 길게 늘려 부르길 원할 때는 마지막 A'파트에서 끝

---

31) 마디의 반복을 생략하기 위한 기호가 도돌이표(Repeat Sign)이다. 반복되는 마디의 후반부만이 다를 때, 서로 다른 마디에 괄호를 붙여서 첫 번째와 두 번째의 차이를 명백히 구분한다. 이것들을 포스트 엔딩(1번 괄호), 세컨드 엔딩(2번 괄호)이라고 하며, 반복한 후에는 포스트 엔딩의 마디를 연주하지 않고 직접 세컨드 엔딩으로 뛰어넘는다. 참고로 반복은 원칙적으로 2회이나, 3회 이상의 반복 시에는 3times repeat(3X), 4times repeat(4X) 등의 용어를 사용한다.

내지 않고 다시 B파트로 연결하여 계속 진행하는 [그림 4]와 같은 늘인 형식도 가능하다.

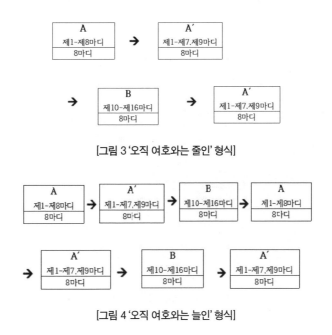

[그림 3 '오직 여호와는 줄인' 형식]

[그림 4 '오직 여호와는 늘인' 형식]

'아카펠라 2집 By 더 트리' 음원에선 A-A'-B-A-A'(Interlude)-B-A'의 늘인 형식으로 진행된다. 특이사항으로는 두 번째 A'에서 모든 파트가 '우'라는 음절로 부르며 'Interlude'처럼 편곡하였다. 실제 대학 채플 찬송 시간에 학생들과 기도하기 위해 BGM처럼 활용하였는데, 이 'Interlude' 구간을 '우'란 음절로 부르기도 하였다. 하지만 예배 중 몇 사람에 의해 부르게 되는 의성어 사용 'Interlude'는 모든 예배자가 함께 기도하지 못하는 점과 고백적 언어의 표현이 아니라는 점에서 예배에 적절하지 못한 것으로 판단되었다.

(b) '오직 여호와는'의 편곡적 특징

ⓐ '텐션 코드'의 사용

전체 악보를 보았을 때 가장 큰 특징은 '텐션 코드'의 사용이다. [32] '트라이어드 코드 톤'으로 구성된 기존 찬송가와 다르게 '텐션 노트'를 많이 사용하였다. [33] 이에 코드 톤이 주는 안정적이고 단순한 흐름에 벗어나서 현대 음악에서 자주 접할 수 있는 긴장감과 신선한 느낌을 줄 수 있다.

[악보 5 '오직 여호와는' 제17마디]

[악보 5]를 보면 F#m7과 함께 '11'을 썼고 B의 코드네임 바로 옆에 괄호가 있는 것을 볼 수 있다. 여기에서 F#m7, B가 기본코드이고 '11'과 '(sus4)'가 추가된 것을 텐션 코드라고 부른다. F#m7 11이란 표기된 그대로 Root인 F#으로부터 11번째 음 즉, 'B'가 추가된 것이다. B(sus4)도 마

---

32) 트라이어드(1, 3, 5도)에 7음 까지를 기본 코드라고 보았을 때, 그 위에 9음, 11음, 13음을 쌓아 올린 코드를 텐션코드라고 한다. 음계 위에서 보면, 이 음들은 코드 톤 사이에 끼인 논 코드 톤(비화성음)이므로 긴장감을 느끼게 하는 소리를 낸다.

33) 기본화음(Basic Chord)의 각 코드의 구성 음은 코드 톤(Chord tone)이며, 구성 음 이외의 음을 논 코드 톤(Nonchord tone)이라고 한다.

찬가지로 B로부터 4번째 음인 'E'가 추가된 것이다. 4는 앞의 코드와 같이 11로 표기할 수도 있지만 sus4로 표기된 이유는 세 번째 박에 B의 4번째 음을 사용했다가 바로 다음 박에 3음으로 되돌아가기 때문이다.[34] sus4는 이렇게 원래 3음을 4음으로 변형해 사용하였다가 다시 3음으로 돌아가려는 성질이 있어 sus4 사용 후 기본코드가 이어 나온다. 마지막의 B코드는 E Major scale의 5번째 음(Dominant=딸림음)으로 로마 숫자 V로 표기할 수 있다. (악보 6 참고)

[악보 6 오직 여호와는 제17, 1마디]

V는 V7로 사용하는 것이 조금 더 화성적이다.[35] sus4가 3음으로 가려는 성향이 있듯 V7의 B7음은 하행하여 I의 3음으로 진행하려고 하는

---

34) 루트(1음), 3음, 5음으로 쌓아 올린 코드의 3음을 일시적으로 4음으로 바꾼 코드를 Suspended 4th, 줄여서 sus4코드라고 한다. sus4코드는 3음을 사용한 본래의 모습으로 되돌아가려고 하는 성질을 가진 코드로 도미넌트 세븐스 코드 앞에 sus4코드를 둔 'V 7sus4- V7'의 진행이 특히 자주 사용된다. 이 진행은 목적하는 코드로의 도착을 조금 늦추는 것과 같은 효과가 있다.

35) V7은 편의상 계산이 편리한 C Major Scale 기준으로 보았을 때 5도인 G7코드의 3음과 B7음의 음정은 감5도이다. F음(B7)음은 E음으로 하행하고 B음(3음)은 C음으로 상행하여 가장 안정적인 C코드로 진행하게 되는 것이다.

성향이 있다. 특히 V7의 3음과 B7음의 음정은 감5도로 매우 불안정하다.[36] 불협화음으로 들리는 이 화음은 안정적인 화음으로 변하기 위해 자연스럽게 진행하게 된다. 그중에서도 가장 안정적인 Ⅰ(Tonic)으로 가고자 하는 성질이 있어 보통 가장 고조되는 부분, 특히 Ⅰ로 가기 직전에 V7을 쓰는 것이 일반적이다. 그러므로 제17마디에서 마지막 B의 B7음인 A note를 테너 자리에 놓으면 그 뒤에 오는 제1마디 E코드의 3음인 G#으로 자연스럽게 연결할 수 있다.

ⓑ 당김음(Syncopation) 사용[37]

이 곡의 후렴(B)파트를 보면 유독 당김음이 많이 쓰인다. 이름에서 나타나듯이 뒤에 올 강세를 미리 약박으로 당겨와 쓰는 것이 '당김음'이다. 특성상 약박이 강세가 되어 이후 원래 강세가 있으리라 예상되는 위치에 강세가 사라지며 독특한 느낌을 가져온다. 마치 계단을 내려가다 그다음 있을 것이라 예상되었던 것보다 조금 빨리 발이 딛어지면 깜짝 놀라고 당황하는 것과 같다. 예상되는 흐름이 아니므로 정확한 박자로 표현하기가 어렵다. 특히 4분음표와 8분음표는 평범한 배열에서는 음악의 전문가가 아니더라도 어느 정도 음악을 접해본 사람이라면 리딩(Reading)이 가능

---

36) 감5도: 두 음 사이에 반음이 하나 포함되면 완전5도, 반음이 둘 포함되면 감5도(Diminished Fifth)이다. 참고로 증4도나 감5도는 두 음 사이의 거리가 온음이 세 개 있는 거리이므로 세온음(Tritone, 三全音)이라고 한다.

37) 리듬의 위치상 약박에 해당하는 박에 악센트가 오거나 약박은 연주되고 약박 주변의 강박 위치에 나올 음들이 쉼표로 처리된 경우, 또 약박의 음이 다음에 나오는 강박과 붙임줄(Tie)로 이어졌을 경우 그 약박은 강박으로 변하게 된다. 이렇게 '강박이 된 약박'을 '싱코페이션'이라고 부른다.

　　　　　아카펠라로 교회음악을 노래하다

할 수 있으나 16분음표(Sixteen Note)는 그렇지 못하다.[38] 심지어 음악 전공자라 하더라도 별도의 훈련을 거치지 않으면 '16 note' 초견은 매우 어렵다.[39] 그러므로 '16 note'의 싱코페이션 리듬을 정확하게 표현하려면 많은 연습이 필요하다.

[악보 7 오직 여호와는 제10~11마디]

[악보 7]를 보면 10마디의 마지막 음절인 가사 '다'는 마지막 16분음표로 약박에 해당되나, 그다음 마디의 첫 박은 원래 강박이므로 그 강세를 당겨온 '다'의 약박이 강박으로 변하였다. 16분음표의 카운트상으로 4e&a 중 'a'에 해당되는 가장 약한 박자의 음절임에도 불구하고 강세를 가져온 그 음절은 총 3박과 $\frac{1}{16}$박을 연주하게 된다.[40] 또, 마디가 넘어가는 부분이 아니더라도 제10마디의 모든 'a'의 위치에 당김음이 등장하여 첫 박을 제외한 모든 정박에 오는 강세들이 그 이전 박의 'a'에 미리 당겨 사용되어 강세가 없어졌다. 정박에 있던 강세들 대신 그 강세를 미리 당겨

---

38) '16분음표(Sixteen note)' 용어는 이후 '16 note'로 표기한다.

39) 초견: 처음 보는 악보, 또는 보았다 하더라도 임기되지 않았거나 익숙하지 않은 상태의 악보를 보고 바로 리딩(reading)하는 것을 말한다.

40) 4/4박자에서 연음부에 따라 분할되는 박자들의 카운트(1-e-&-a 2-e-&-a 3-e-&-a 4-e-&-a). 8분음표 자리가 &이라면, 16분음표 자리는 e, a로 표기한다.

온 모든 'a'가 강세로 변한 것이다. 음절상으로는 '산', '사', '립', '다'가 해당된다.

이 곡에서 16분음표의 '싱코페이션(Syncopation)'이 등장하는 곳은 제3마디, 제7마디, 제10마디, 제12마디, 제14마디, 제16마디, 제17마디 등으로 후렴의 거의 모든 곳에 16 note 싱코페이션이 등장한다. 이런 잦은 16 note 싱코페이션의 사용은 4분음표 또는 8분음표의 일정한 박자로 리듬이 끊어지는 데에서 오는 딱딱한 느낌을 상쇄시켜 준다. 또한 음절 사이를 부드럽게 이어주는 역할을 하며 당겨진 리듬에 강세를 주어 더욱 리드미컬하게 표현할 수 있게 해준다. 전체적으로 8분음표가 아닌 16분음표 작은 단위로 세분화되어 전체적으로 섬세하고 리드미컬한 표현이 돋보인다.

ⓒ 도돌이표(Repeat Mark)⁴¹⁾

[악보 8 오직 여호와는 제8, 제9마디]

---

41) 마디의 반복을 생략하기 위한 기호가 도돌이표이다. 도돌이표에는 마디 줄을 이용하는 것과 줄임표 또는 문자를 이용하는 것이 있으며, 이러한 것들을 함께 사용하기도 한다.

아카펠라로 교회음악을 노래하다

'오직 여호와는'의 악보에서는 겹세로줄 옆에 두 점을 붙여 나타내는 흔히 아는 '도돌이표'와 '포스트, 세컨드 엔딩들', 'D.S'와 같이 문자를 사용하여 반복하는 방법을 다방면으로 활용하였다.[42] 이런 기호와 문자들의 의미를 정확히 알아야 악보의 지시대로 노래를 부르는 것이 가능한 것이다. 우선 제8, 9마디에 있는 '퍼스트 엔딩(1st ending)'과 '세컨드 엔딩(2st ending)'에 대해 알아보도록 하자. 앞에서 설명하였듯, 이것은 도돌이표와 함께 쓰이는데, 1마디부터 8마디까지 반복되는 것이 퍼스트 엔딩이며, 처음으로 돌아가 두 번째 반복될 때엔 퍼스트 엔딩의 8마디는 부르지 않고 7마디 후 세컨드 엔딩에 있는 9마디로 바로 넘어가게 된다[악보 8]. 도돌이표의 기본은 '오직 여호와는'과 같이 2번 반복하는 것이 보통이지만, 때로는 3, 4번씩 반복될 때도 있다.

　도돌이표의 역할은 곡의 특정 부분을 반복하게 하여 곡의 구성을 명확하게 하고, 청자에게 익숙함과 리듬감을 제공하는 것임이다. 이를 통해 음악의 구조가 더 잘 드러나며, 곡의 일관성을 유지하는 데 도움이 된다. 도돌이표의 주요 역할은 다음과 같다. ① 구조의 명확화: 곡의 반복 구간을 설정하여 구조를 명확히 하고, 청자에게 특정 구간이 중요하다는 것을 알리는 것이다. ② 리듬과 동질성 제공: 반복되는 부분이 있어 음악이 보다 기억에 남고, 리듬감이 생기게 하는 역할이다. ③ 편곡의 단순화: 특정 구간을 반복함으로써 곡이 더 복잡해지지 않고, 효율적으로 전개되도록 하는 역할이다. 따라서 도돌이표는 곡의 구성을 명확하게 하는 역할을 하며, 곡을 더욱 복잡하게 만들지는 않는다.

───────

42) D.S: 𝄋 표시로 돌아가라는 뜻.

[악보 9 오직 여호와는 제17, 제1, 제8, 9마디]

세컨드 엔딩 이후 순서대로 진행하다 마지막 17마디를 보면 D.S. al Fine라는 악상 기호가 등장한다[악보 9]. 우선 D.S.는 Dal Segno의 약자로 달 세뇨(Dal Segno)는 '~부터'를 뜻하는 '달(Dal)'과 '세뇨(Segno)'가 합쳐져 '세뇨(𝄋)부터 연주하라'는 뜻을 가진 악상 기호이다. 'D.S. al Fine'은 '세뇨(Segno)'가 있는 마디(제1마디)부터 다시 연주하다가 '피네(Fine)'가 있는 곳(제9마디)에서 곡을 마친다는 의미이다.[43] 도돌이 기호와 문자가 있는 곳은 제17, 제1, 제9마디로 아래의 악보 순서대로 지시를 이행하면 작곡자의 의도대로 노래를 부를 수 있게 된다.

(c) '오직 여호와는' 종합적 평가

전체 16마디 A파트, B파트의 단순한 형태이나 도돌이표와 문자 기호 등을 통해 순차적인 반복이 아닌 다소 복잡한 형식으로 불려진다. 템포가 ♩=68로 발라드 중에서도 상당히 느린 편이나 16분음표로 박

---

43) Fine: 끝세로줄과 같은 의미이다. 기호 ⌢(Fermata, 페르마타)와 Fine 등이 겹세로줄과 함께 사용되기도 한다.

아카펠라로 교회음악을 노래하다

자가 나뉘는 곳이 많아 섬세한 리듬 표현을 요구한다. 또한 '당김음 (Syncopation)'을 사용한 강세의 전환으로 인해 리듬의 긴장감을 꾀하였다. 텐션코드는 기본형인 트라이어드에만 익숙한 사람이라면 "불협화음"처럼 들릴 수 있는 "긴장감을 주는" 코드임에도 불구하고 섬세한 리듬과 멜로디의 연결로 인해 자연스럽고 부드러운 연결이 가능하도록 편곡되었다. 마지막으로 "오직 여호와는 그 성전에 계시니…"(하박국 2:20)의 말씀을 인용하여 찬송가 본연의 목적에 충실한 고백이 돋보이는 곡이라 할 수 있다.

〈요점〉

텐션 코드는 곡 전체에 긴장감을 주는 텐션 코드(9음, 11음, 13음) 사용으로 현대적 느낌을 강조하였다. 이는 전통적인 트라이어드 코드에 익숙한 사람들에게 새로운 음색을 제공하며 신선한 감각을 준다.

당김음(Syncopation)은 약박에 강세를 주어 리듬에 예기치 않은 변화를 만들어내며, 특히 16분음표로 구성된 경우 정확한 표현을 위해 많은 연습이 필요하다. 이 효과는 곡의 리드미컬함과 긴장감을 더욱 강조해준다.

싱코페이션(Syncopation)은 후렴구에 당김음을 사용하여 약박을 강박으로 전환하여 리듬의 긴장감을 극대화한다. 이러한 리듬 패턴은 곡의 전체적인 흐름을 더욱 리드미컬하게 만든다.

도돌이표(Repeat Mark)는 악보의 다양한 반복 기호와 문자를 활용해 지시대로 곡이 진행되도록 하며, 각 부분의 반복을 쉽게 따라갈 수 있도록 구성되었다. Fine, D.S., 도돌이표 등이 복합적으로 사용된다.

① 텐션 코드는 주로 곡에 긴장감을 더해주는 효과를 준다.　　　(Yes/No)

② 당김음은 리듬의 불규칙성을 유도하여 리드미컬한 느낌을 만든다.　(Yes/No)

③ 도돌이표의 사용은 곡의 구성을 복잡하게 한다.　　　　　　(Yes/No)

④ 텐션 코드 사용으로 인해 곡이 더 안정적이고 평온한 느낌을 준다.　(Yes/No)

⑤ 싱코페이션은 리듬에 독특한 강세 변화를 주어 예상치 못한
　 리듬감을 형성한다.　　　　　　　　　　　　　　　　　(Yes/No)

⑥ 텐션 코드가 곡에 미치는 영향은?
　 a) 부드러움을 더해줌
　 b) 긴장감을 증가시킴

⑦ 당김음 사용으로 인해 생기는 리듬의 효과는?
　 a) 예상 가능한 규칙성
　 b) 리드미컬한 긴장감

⑧ 도돌이표와 같은 반복 기호의 역할은?
　 a) 곡의 구성을 명확히 전달
　 b) 곡을 더욱 복잡하게 만듦

⑨ 당김음은 약박을 (　　　)으로 전환하여 리듬에 긴장감을 주는 효과가 있다.

⑩ 텐션 코드는 기본 화성에 (　　　)을 추가하여 새로운 색채를 더해준다.

* 모범 답안 241페이지 참조

오직 여호와는

전상길
편곡 : 김아영

오 직   여호와는   그 성전에 계시도다

오 직   여호와는   그 성전에 계시도다 다 거

룩 한 산 제 사 드 립 니 다   내

맘 과정 성 다 해 사 랑 합 니 다   거

록 한산 제사 드립 니 다

흠 도 없 고 점 도 없 이 사 랑 합 니 다

[악보 10]

아카펠라로 교회음악을 노래하다

2. 돌림노래 찬송

(1) 나는 주를 부르리
∞∞∞∞∞∞∞∞∞∞∞∞∞∞∞∞

ⓐ '나는 주를 부르리'의 개요 및 구조와 형식

ⓐ 개요

'나는 주를 부르리'는 페트라(Petra)의 팀원 오실즈(Michael O'Shields) 원곡으로 원제는 'I will Call upon the Lord'이다. 원곡 음원은 'Petra Praise - The Rock Cries Out' 앨범에 수록되어 있다. 미국의 아카펠라 교회에서 찬송가 책으로 사용하는 *Songs of Faith and Praise*에 4성부 악보가 수록되어 있고, 한국에서는 아카펠라 100곡에 번역본이 수록되어 있다. 본 분석에선 The Acappella Company의 로거스(Mike Rogers)와 랑케스터 Arrange 버전을 기준으로 한다. 이 곡은 1981년에 Inc MCA Music(현 Universal Studio)에서 녹음하였다.

ⓑ 구조

D Major 조성이며 총 20마디로 이루어져 있다. $\frac{4}{4}$박자에 ♩=118로 16note Syncopation을 표현하기엔 템포가 상당히 빠른 편이다. 보컬 파트는 소프라노, 알토, 테너, 베이스로 구성된 4성부 노래다. A파트에선 남성 파트가 먼저 시작하며 여성 파트가 한 마디 뒤에 그대로 따라 부르는 돌림노래 형식이다. 남성 파트와 여성 파트가 번갈아 부르는 지그재

그 형태로, 단순히 순서만 본다면 교창(화답식 찬송)으로 볼 수도 있겠으나, 남성 파트와 여성 파트의 멜로디와 리듬을 비교해 보면 정확히 일치하는 것을 알 수 있다. 남성 파트가 노래를 먼저 시작한 후 동일한 리듬과 선율을 한마디 뒤에 여성 파트가 똑같이 반복하여 부르는 형태이다. 이러한 이유로 이 파트를 돌림노래의 관점에서 분석한다. A파트는 남성 파트, 여성 파트로 나누어 화성 없이 단선율로 진행하다 B파트부터 모든 파트가 함께 4성부로 부르는 형식이다. 본 분석에서 다루는 기준 음원에선 2절의 B파트부터 인도자의 솔로(Ad-Lib)가 추가된다.[44]

ⓒ 형식

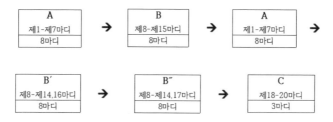

[그림 5 '나는 주를 부르리' 형식]

[그림 5]을 보면 크게 A(Verse) 7마디, B(Chorus) 8마디 C(Outro) 3마디 총 3파트로 나눌 수 있으나 도돌이표로 인해 순서는 조금 복잡하다. 처음 1절은 A(제1~제7마디), B(제8~제15마디)가 순차적으로 부르게 되고, 처음 되돌아가 반복할 땐 A파트(2절) 후 B파트 14마디에서 15마디를 건너

---

44) 솔로: 라틴어 ad libitum에서 유래한 용어로 애드립이라고 부르며 즉흥 연주를 뜻하며 본문에서 말하는 인도자의 솔로는 스캣과 비슷한 형태의 가창이다. 스캣은 즉흥 가창을 의미한다.

뛰고 16마디로 넘어간다. 16마디 연주 후엔 바로 '세뇨'가 있는 제8마디 (B파트)로 돌아가서 다시 순차적으로 14마디까지 부르게 된다. 14마디와 바로 연결해 Coda[45](제17마디)로 넘어가 18마디부터 rit.(Ritardando)[46] 해서 3마디를 부른 후 20마디에 끝나는 형식이다. C파트 3마디는 A파트 처음 3마디를 반복하는 부분이라 A'로 볼 수도 있으나, 이것은 A파트를 반복하기 위한 목적이 아닌 곡을 마무리하는 목적에서 A파트의 일부를 사용한 것이므로 별도의 파트로 보는 것이 좋다. 특히 4성부에 인도자의 솔로(ad-lib)까지 있던 B″가 느려지면서 다시 유니즌(Unisoin)으로 바뀌고, 남성 파트와 여성 파트로 나누어 두 파트가 번갈아 부르는 것은 곡의 최고조에서 볼륨이 줄어드는 효과를 주어 확연하게 대비되는 효과를 준다.[47] 이것은 절정(B″)을 지나 결말(C)을 짓는 역할이라 볼 수 있다. 느려지며(rit.) 마지막 음절을 4성부의 화성으로 길게 끌어 마무리하는 것도 Outro의 효과를 주기 위한 장치이다.

(b) '나는 주를 부르리'의 편곡적 특징

ⓐ 돌림노래 형식

곡의 개요에서 소개했듯이 원곡은 밴드 곡이다. 제2마디의 온음표, 즉

---

45) 이태리어로 "꼬리"라는 단어에서 유래하였으며 곡이나 악장의 끝에 종지감을 주기 위하여 덧붙인 부분을 의미한다. 코다의 길이는 1~2소절 밖에 안 되는 짧은 것에서부터 아주 길어서 하나의 독립된 부분(section)을 이루는 것까지 다양하다. 소나타의 느린 악장에서 코다는 후주와 같은 역할을 하며 빠른 악장에서는 템포를 빨리 몰아치며 마지막 클라이맥스를 이룩한다.
46) 템포의 변화 과정을 조금씩 점점 느리게.
47) 유니즌: 모든 악기나 성부(Voice-Part)가 같은 성부를 함께 연주하라는 뜻.

한 소절이 끝나고 난 공백을 원곡에선 악기로 채웠으나 아카펠라의 특성상 빈 공간이 목소리로 채워져 편곡되었다. 남성 파트가 한 소절을 부르면 마지막 음절에서 맞물려 여자 파트가 동일한 소절을 엇갈려 부른다. 그렇게 서로 맞물려 지그재그 식으로, 또는 메아리처럼 선창하는 소릴 받아 그대로 노래를 부르는 형식으로 A파트가 진행된다. '나는 주를 부르리'와 같이 한 소절과 다른 소절을 잇는 간격이 길 때 악기 없이 목소리로만 연주하는 편곡으로 돌림노래 형태가 효율적이라고 할 수 있다.

ⓑ 빠른 템포와 리듬

원곡을 살펴보면 ♩=107로 본 분석에서 사용한 음원은 그에 비해 다소 빠르다 할 수 있다. 그러나 원곡에서는 보컬의 빈 부분을 악기로 채워주는 것을 고려해 보았을 때 곡 전체를 보컬만으로 채우는 아카펠라 곡이 악기 편성 곡보다도 ♩=11이 빠르다는 것은 단순한 숫자상의 차이보다 더 큰 의미가 있다. 특별히 B파트를 살펴보면 '16 note', '8 note'의 Syncopation이 자주 사용되었음을 알 수 있다. 앞서 소개했던 두 곡에 비해서도 월등히 빠른 템포이기도 하지만, 이런 리듬상의 특징을 보았을 때 이 곡의 템포인 ♩=118은 보컬만으로 표현하기에 무리가 있을 정도의 빠른 템포라 할 수 있다. 그러나 A파트를 보면 돌림노래로 되어있다고는 하나 유니즌 편곡으로 인해 자칫하면 늘어질 수 있을 정도로 단순하다. 이러한 단순함을 빠른 템포로 연주해 리드미컬(Rhythmical)한 느낌을 줄 수 있게 되었다. 그러므로 이렇게 템포를 빠르게 편곡한 것은 곡의 장점을 잘 살려주는 편곡이라 할 수 있겠다.

　　　　　　　　　　아카펠라로 교회음악을 노래하다

ⓒ 빌드업(Build up)[48]

곡의 형식을 살펴보면 B파트가 여러 번 반복되는 것을 알 수 있다. 단순히 동일한 반복만 이어진다면 템포가 빠르다고 하더라도 다소 지루함을 느낄 수 있다. 그러므로 음악을 진행할 때 같은 부분이 반복되더라도 변화를 주어 빌드업(Build up)을 해주는 것이 좋다. A파트에선 화음 없이 Unison으로 부르다가 B파트에서 4성부로 부르는 것도 빌드업의 한 방법이다. 더구나 A파트에서는 남성파트와 여성파트가 나누어 번갈아 불러 볼륨 면에서도 확연한 차이가 있다. 전체 최대 볼륨이 10이라고 가정하였을 때 A파트를 '볼륨3' 정도로 본다면 모든 파트가 함께 부르는 B파트에서 '볼륨 7' 정도로 up되었다고 할 수 있다. 특히 A파트에서는 단선율로 부르다가 B파트에서 4성부로 나누어 부른 점에서 편곡적 차이를 두었으며, 음원에서 볼륨 업(Volume up)효과를 주었다. 이런 의미에서 반복적인 진행 중에 찬송 인도자의 솔로(ad-lib)이 추가되는 것은 한정된 악보(Sheet) 안에서 할 수 있는 훌륭한 빌드업(Build up)의 방법이라고 할 수 있다.[49] 물론 이것은 솔로자의 역량에 크게 좌우될 수 있다. 곡의 흐름을 방해하지 않아야 하며 다른 파트의 화성과 영역을 침범해서도 안 된다. 만약 솔로자의 솔로(ad-lib)가 듣기 거슬리는 수준이라면 없느니만 못한 것이 된다. 그러므로 솔로를 하는 사람은 보컬 역량뿐만 아니라 전체적인 음악의 흐름을 파악할 수 있는 시야도 필요하다. 빌드업은 마치 무엇인가를 조금씩 쌓아가며 키워가는 것과 같다.

---

48) '빌드 업'은 다양한 음악적 기법들을 통해 곡의 분위기를 극대화하는 것을 말한다.
49) 이 곡의 찬송 인도자는 키스 랑케스트이다.

(c) '나는 주를 부르리'의 종합적 평가

A파트는 화성 없이 유니즌으로 진행되며 한마디 간격의 도돌이 형식이다. 한마디 간격으로 남성과 여성들이 따로 노래를 부르는 듯하다가 B파트에서 만나 화성을 이룬다. A파트에서는 반복되어 나오는 한 선율의 가사가 더욱 선명하게 들리고, B파트는 4성부 화음이 더욱 풍성하게 들린다. 두 파트가 볼륨 면에서 대비되어 각 파트의 장점이 극대화되며, A파트에서 만나지 않고 엇갈리던 남성부과 여성부가 B파트에서 합쳐지며 해결의 효과를 주었다. 또한 2절 B파트부터 나오는 인도자의 솔로가 한 번 더 빌드업의 효과를 주어 음악이 더욱 풍성해졌다. 솔로 파트만 빼면 공예배 중에도 충분히 사용할 수 있는 송폼(Song Form)이다.[50] 공예배가 아닌 소모임이나 음악회 등 다양한 모임에 솔로까지 추가된 버전을 시도해 본다면 아카펠라가 익숙하지 않은 사람들에게도 '고전적이고 정적이다' 등의 선입견들을 없애줄 수 있을 것이다.

---

50) 송폼(Song Form): 곡의 형식을 말한다.

아카펠라로 교회음악을 노래하다

I Will Call Upon the Lord

Words and Music: Michael O'Shields
Arr: Mike Rogers & Keith Lancaster

[악보 11]

(2) 먼저 그 나라와

ⓐ '먼저 그 나라와'의 개요 및 구조와 형식

ⓐ 개요

'먼저 그 나라와'는 레퍼티(Karen Lafferty)가 1974년 마라나타(Maranatha) 컴필레이션 음반에 'Seek Ye First' 제목으로 처음 발표하였다. 미국의 아카펠라 교회에서 찬송가 책으로 사용하는 *Songs of Faith and Praise*에 4성부 악보가 수록되어 있고, 한국에서는 아카펠라 100곡에 번역본이 수록되어 있다. 본 분석에 사용된 음원은 'The Choir of Christ Church Lisburn' 버전을 사용하였다. 악보는 아카펠라 100곡에 수록된 번역본을 기준으로 분석한다.

ⓑ 구조

Db Major 조성이며 총 16마디로 이루어져 있다. $\frac{2}{2}$에 ♩=105로 연주되었다.[51] 다수의 노래들이 $\frac{4}{4}$박자로 되어 있어 $\frac{2}{2}$란 박자표는 생소할 수 있다. 우리가 익숙한 $\frac{4}{4}$박자는 ♩(4분음표) 기준으로, 한 마디에 4분음표가 4개(4박)가 있음을 의미한다. 그렇다면 $\frac{2}{2}$란 ♩(2분음표)가 한마디에 2개가 있다는 사인이며 기준 박이 4분음표가 아닌 2분음표라는 의미이다. $\frac{4}{4}$박자는 4분음표를 기준으로 1, 2, 3, 4 총 네 박을 세지만 $\frac{2}{2}$박자는 2분음표를 하나로 보고 1, 2까지 두 박만을 카운트한다. [악보 12]에서 제1마디 악보

---

51) 후반부에 속도가 조금 바뀌는 것으로 보아 프리 템포로 레코딩된 것 같다.

를 볼 수 있다. 예로 일반적인 $\frac{4}{4}$의 곡에서는 '먼'에서 1, 2를 '저', '그' 음절에서 각 1박씩을 카운트하게 된다. 하지만 '박자표(Time Signature)'에서 명시되었듯이 $\frac{2}{2}$박자이므로, 2분음표인 '먼'의 음절을 하나로 카운트하고 '저', '그'를 마치 $\frac{4}{4}$에서의 8분음표와 같이 두 개를 하나로 카운트한다.[52] 한 마디 안에 들어가는 음표의 개수는 같을 수 있으나 결정적으로 카운트가 다르다는 것은 곡의 '강세'가 달라진다는 것이다. 언어에 있어 Accent에 의해 단어의 의미나 문장의 전체 의미가 달라지듯이 음악에서도 이 Accent로 인해 전체적인 느낌이 달라질 수 있다.[53] 좀 더 정확한 이해를 위해 이 곡과 같이 $\frac{4}{4}$와 구성 음표는 같으나 카운트가 다른 $\frac{2}{2}$, $\frac{4}{4}$와 카운트가 같으나 구성 음표가 다른 $\frac{12}{8}$ 등의 곡들을 비교해서 듣는 것이 도움이 된다.

[악보 12 '먼저 그 나라와' 제1마디]

---

52) Time Signature(박자표): 음악의 박자를 나타내는 표로, 보통 상하로 포개어진 2개의 숫자로 이루어지고 곡의 처음에 적힌다. 밑의 숫자는 박으로 선택된 음표(예컨대 2분음표, 4분음표 등)를 나타내고, 위의 숫자는 1마디 내에 단위가 되는 박(음표)이 몇 개 있는가를 나타낸다.

53) Accent: 어떤 음을 다른 음보다 강하게 연주하는 것으로 〉, ∧의 기호로 표시한다. 보통 강박인 마디의 제1박은 악센트를 수반하고, 그 밖에 여린 박자 부호의 악센트는 싱커페이션이나 꾸밈음 등 효과를 강조하는 기능을 가진다.

파트는 여성 파트, 남성 파트 두 파트로 나누어져 있는 혼성 합창곡이다. 화성은 따로 없이 유니즌으로 노래하였고 여성들이 먼저 시작하여 여러 번 반복하면 한 파트 뒤에 남성들이 동일한 내용을 반복하여 마지막엔 여성 파트가 먼저 끝나고 늦게 시작한 만큼 남성 파트가 나중에 엔딩에 도달하는 형태로 진행된다.

ⓒ 형식

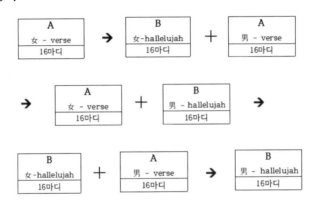

[그림 6 '먼저 그 나라와' 형식]

크게 A(verse) 16마디, B(chorus) 16마디, 총 두 파트로 나눌 수 있다. Verse는 악보에서 보면 총 세단 중 두 번째 높은음자리표가 있는 가운데 단의 가사가 있는 멜로디(소프라노 파트)이다. Chorus는 맨 위의 단 '할 렐루야'가 반복되는 16마디이다. 처음엔 여성들이 Verse 부분을 부른다. 순차적으로 연주되고, 처음으로 되돌아가 반복할 땐 B파트를 부르는데, 이때 남성들이 A파트를 동시에 부른다. 여성파트가 A파트로 되돌아갈 때엔 남성들이 B파트를 부르게 된다. 여성들이 B파트를 부르며 끝날 때

아카펠라로 교회음악을 노래하다

남성들은 A파트를 동시에 끝내고 남성들이 홀로 B파트를 부르며 마무리 된다. 앞뒤로 16마디씩, 처음엔 여성, 뒤엔 남성들의 솔로가 진행되는 것이다. 본 분석에 쓰인 음원에선 가사는 1절만 반복하였으나, 2, 3절을 불러도 B파트와 겹쳐지는 부분에선 전혀 위화감이 없다. 원곡 가사에선 A파트의 마지막 네 마디와 B파트 마지막 네 마디 가사가 겹친다[악보 13].

[악보 13 제13~16마디]

'먼저 그 나라와' 곡의 형식에선 A파트와 B파트가 한 단으로 함께 묶여있는 관계로 가사를 부르는 둘째 단 A파트를 verse, 첫째 단 B파트를 'Hallelujah'로 나누며, 남성&여성의 구분을 기준으로 표기한다.

(b) '먼저 그 나라와'의 편곡적 특징

ⓐ 단선율 편곡[54]

본 분석에서 사용된 음원을 보면 처음부터 끝까지 화성 없이 노래를 부르는 것을 알 수 있다. A파트와 B파트 모두 하나의 선율로 연주되는 것

---

54) 단선율: 선율은 리듬을 바탕으로 음들의 높낮이의 시간적 진행을 선율이라고 한다. 단선율은 성부 또는 반주가 없이 1개의 선율만으로 구성된 것이다.

이다. 단순하게 남성과 여성으로만 나누어져 있는데 그마저 같은 멜로디를 연주한다. 4성부 구성이 대부분인 다른 아카펠라 찬송에 비하면 지극히 단순하고 평이한 성부 배정이라고 할 수 있다. 그러나 곡의 형식을 보면 시작과 끝을 제외하곤 A파트와 B파트가 계속 겹쳐서 나온다. 가사와 멜로디가 서로 다른 두 파트를 동시에 부르는 것이다. 이때 각 파트에 화성까지 추가된다면 서로 다른 파트를 연주하는 이 부분이 복잡하고 지저분하게(산만하게) 되어 두 파트 모두 제대로 들리지 않을 수 있다. 그런 면에서 각 파트를 메인 멜로디 한 성부로만 정한 것은 돌림노래의 특성상 두 파트가 겹칠 때 각 파트의 멜로디가 잘 들리게 되는 효과를 줄 수 있다. 그러므로 오히려 여러 개의 성부로 복잡한 화성을 만드는 것보다 더 좋은 편곡이라 할 수 있겠다.

ⓑ 음악 형식(Song Form)

곡의 형식을 보면 여성이 A파트를 끝내고 B파트로 넘어가면서 남성이 A파트를 동시에 맞물려 연주하다 뒤늦게 시작한 만큼 남아있는 소절을 남성파트가 마저 부르며 끝내는 형태이다. 중간엔 두 성부가 계속 파트가 엇갈린 채로 함께 노래하다가 맨 앞 A파트는 여성이, 맨 끝의 B파트는 남성이 단독으로 부르게 되는 것이다. 여성과 남성의 유니즌은 볼륨과 긴장감의 효과를 높이게 한다.[55] 이러한 표현은 음악적 '질감'을 높이는 효과도 있다. 앞뒤 남성부, 여성부의 단독 연주는 자연스럽게 분위기를 다운시켜서 대비의 효과를 낸다. 서론(여성 단독)-본론(여성+남성)-결

---

55) 유니즌: 여성과 남성이 같은 멜로디를 부르는 부분을 말한다.

아카펠라로 교회음악을 노래하다

론(남성) 또는 Intro(여성 단독)-본 연주(여성+남성)-outro(남성) 등으로 표현할 수 있다. 두 성부가 함께 연주하는 본론만 계속 이어지거나 단독 파트만 있다면 이러한 대비 효과는 얻을 수 없을 것이다.

ⓒ 음색(Tone 혹은 Tone Color)의 대비(對比)[56]

단순하고 간단한 장치이지만 4성부의 구성 대신 남성과 여성의 성별로만 성부를 나누었다. 심지어 그 두 성부가 화성을 이루는 것도 아닌 각자의 파트를 부르고 있다. 단순해 보이는 이 구성은 오히려 곡의 가사와 분위기 등을 잘 표현할 수 있는 좋은 편곡이라 할 수 있다. 만약 남성 여성이 함께 화성을 이루고 그렇게 화성으로 구성된 A, B파트가 동시에 연주된다면, 서로 다른 가사를 부르고 있는 두 파트의 만남이 아름답지만은 않을 수 있다. 각기 다른 멜로디와 가사를 가창하는데도 오히려 각 파트들이 선명하게 잘 들리는데, 이것은 편곡에 있어 성별로 나뉜 파트의 분배 때문이다. 편곡에 있어 소프라노, 알토, 테너, 베이스의 파트 분배는 비단 음역에 영역뿐만이 아니라 보컬이 가지고 있는 고유의 톤(Tone)의 문제도 있다. 일반적으로 회중 찬송에서 남성이 알토를 부르지 않고 여성이 베이스를 부르지 않는다. 그 이유는 음색의 차이 때문이다. 이런 의미에서 남성과 여성의 음색 대비를 활용한 편곡기법은 서로 다른 가사와 멜로디를 부르는 복잡한 찬송 형태의 혼잡함을 완화해주는 효과를 얻을 수 있다.

---

56) 음색: 한 음이 갖는 자연스런 음의 빛깔을 뜻하며, 발음 상태, 방법, 발성체의 재료 및 구조 등에 따라 음의 빛깔이 달라진다.

(c) '먼저 그 나라와'의 종합적 평가

고백적인 가사로 이루어진 16마디의 남성 파트와 반복되는 음절 'Hallelujah'로 채워진 16마디의 여성 파트로 이루어진 아름다운 찬송곡이다. 단순한 리듬과 멜로디의 노래이지만 돌림노래 형식으로 편곡하여 두 파트가 동시에 가창되는 독특한 구조의 노래이다. 서로 다른 가사와 멜로디가 동시에 연주됨에도 부딪힘 없이 어우러지는 것이 곡의 편곡적 특징이라 할 수 있다. 특히 원곡(영어) 가사에서는 마치 두 곡을 동시에 가창하는 것처럼 진행되는데, 이후 'Hallelujah'가 겹쳐지는 부분이 앞부분과 대비되어 곡을 더욱 돋보이게 한다.[57] 성경 구절을 가사로 사용한 A파트와 화답하듯 'Hallelujah'를 반복하는 B파트가 함께 공존하는 모양새는 예수님과 대화하는 것 같은 인상을 주는 편곡이라 할 수 있다.

각 챕터의 요점은 다음과 같다.

---

57) 번역본에선 3절의 마지막 부분에 겹쳐지게 된다.

ⓐ **돌림노래 형식**: '나는 주를 부르리'는 남성 파트와 여성 파트가 한 마디 간격으로 동일한 멜로디와 리듬을 엇갈리게 부르는 형식이다. 이는 곡의 전체적인 흐름을 역동적이고 메아리와 같은 느낌을 주는 돌림노래의 특성을 강조한다.

ⓑ **빠른 템포와 리듬**: 곡은 ♩=118의 빠른 템포와 Syncopation 리듬을 통해 리드미컬한 느낌을 극대화한다. 원곡보다 템포가 빠르며, 보컬만으로 곡을 채우는 아카펠라 형식에 적합하게 편곡되었다.

ⓒ **빌드업**: B파트에서는 유니즌에서 4성부로 전환되는 빌드업을 통해 곡의 볼륨과 긴장감을 높인다. 2절에서는 인도자의 솔로(ad-lib)가 추가되어 변화를 주며, 반복되는 멜로디에 다채로운 느낌을 더해준다.

ⓓ **단선율과 유니즌**: '먼저 그 나라와'는 단선율로 구성되어, 복잡한 화성 대신 남성과 여성의 유니즌으로 구성된다. 이를 통해 단순하지만 각 파트의 멜로디가 분명하게 들리며, 돌림노래의 효과를 강조한다.

ⓔ **음색의 대비**: 남성과 여성의 음색 차이를 통해 곡의 질감을 높인다. 남성 파트와 여성 파트가 번갈아 부르며 단순한 유니즌을 유지하여, 곡의 가사와 분위기를 깔끔하고 명확하게 전달할 수 있다.

문 제

① 돌림노래 형식은 두 파트가 동일한 멜로디를 엇갈려 부르는 형식이다.　(Yes/No)

② 빠른 템포와 Syncopation은 리드미컬한 느낌을 높여준다.　(Yes/No)

③ 빌드업은 곡의 긴장감을 줄이는 효과를 준다.　(Yes/No)

④ '먼저 그 나라와'는 복잡한 화성을 사용한다.　(Yes/No)

⑤ 단선율은 여러 성부가 동시에 다른 멜로디를 연주하는 것을 말한다.　(Yes/No)

⑥ 돌림노래 형식의 주요 특징은?
　　a) 동일한 멜로디를 엇갈려 부름
　　b) 화음을 겹쳐 부름

⑦ 빠른 템포에서 Syncopation은 어떤 역할을 하는가?
　　a) 리듬의 단조로움을 줄임
　　b) 리듬을 일정하게 유지

⑧ 아카펠라 편곡에서 남성과 여성의 유니즌은 어떤 효과를 주는가?
　　a) 곡의 리듬감을 높인다
　　b) 음색의 대비를 강조한다

⑨ '먼저 그 나라와'에서 단선율의 사용은 곡의 (　　)를 단순하게 한다.

⑩ Syncopation은 (　　)에서 강세를 주어 리듬의 변화를 만든다.

* 모범 답안 241페이지 참조

　아카펠라로 교회음악을 노래하다

먼저 그 나라와

Seek Ye First

그런즉 너희는 먼저 그의 나라와 그의 의를 구하라 - 마태복음 6:33

Karen Lafferty

[악보 14]

3. 화답식(교창) 찬송[58]

교창과 화답식은 번갈아 가며 노래하는 방식이라는 점에서 유사하지만, 몇 가지 차이가 있다. 교창은 두 그룹이나 독창자와 합창단이 서로 다른 구절을 주고받으며 노래하는 형식인 반면, 화답식은 주창자가 선창을 하고 이에 대해 회중이 짧은 구절로 응답하는 방식으로 주창과 응답이 명확히 구분된다. 이러한 차이는 주창자의 역할 방식에 따른 것이며, 음악적 구성 면에서는 큰 차이가 없어 실질적인 구분이 거의 없다. 따라서 이 챕터에서는 아카펠라 찬양의 음악적 면을 다루기 때문에, 교창과 화답식을 동일한 개념으로 다루고자 한다.

(1) 물속에 완전히 들어가

(a) '물속에 완전히 들어가'의 개요 및 구조와 형식

ⓐ 개요

환원운동에 입각한 찬송이 부족한 상황이다. 특히 세례에 관한 찬송은 절실히 부족하다. 찬송 '물속에 완전히 들어가'는 이러한 요구에 의해 창작된 곡이다.

---

58) 교창: 찬송 인도자와 회중이 한 문장의 가사의 반이나, 문장 단위로 번갈아 노래하는 것을 말한다.

아카펠라로 교회음악을 노래하다

ⓑ 구조

E Major 조성이며 총 18마디로 이루어져 있다. $\frac{4}{4}$에 ♩=100으로 보통 빠르기이다. 기존 찬송가를 연상케 하는 4절까지의 가사와 공통된 후렴을 가지고 있는 곡이다. 후렴은 여성부와 남성부의 교창 형식이 나온다. 보컬 파트는 소프라노, 알토, 테너, 베이스로 구성되어 있는 4성부 합창곡이다.

ⓒ 형식

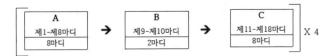

[그림 7 '물속에 완전히 들어가' 곡의 형식]

A(verse) 8마디, B(pre-chorus) 2마디, C(chorus) 8마디로 총 18마디이다[그림 7].[59] A파트는 4절까지의 가사가 고전적인 리듬과 함께 어우러져 마치 기존의 찬송가를 연상하게 한다. C파트는 여성부가 선창하고 남성부가 후창하는 교창의 형식으로 되어있다. A와 C 사이에 짧게 두 파트를 연결하는 부분이 있다. 이 부분은 바로 앞의 두 마디 멜로디와 비슷하지만 A파트의 4절까지 가사와 연결되어야 하며, C파트인 후렴으로 연결되는 부분의 역할도 가능해야 한다. 이것을 'Bridge'라고 하는데, 이 두 마디는 A에서 C로 가기 위한 별도의 파트로 보는 것이 좋다. B파트 10마디를 살펴보면 '영원히 살겠네'란 가사의 마지막 음절을 2박자 동안 끈 이

---

59) pre-chorus: Transitional bridge라고도 하며 verse와 sabi 사이에 놓여 두 파트를 연결 및 대비시킴.

후 3번째 박자에서 스타카토(Staccato)[60]로 음을 짧게 끊어주어 브레이크
(Break)[61] 효과를 주었다. 이 곡에서 Break 부분은 후렴을 연상하게 하는
이정표의 기능을 한다.

(b) '물속에 완전히 들어가'의 편곡적 특징

ⓐ 찬송가와 비슷한 형식이나 현대적인 코드 편곡

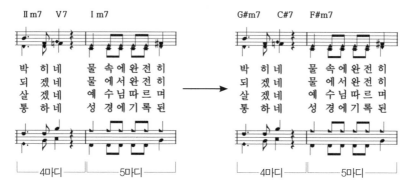

[악보 15 '물속에 완전히 들어가' 4번, 5번째 마디]

E Major Scale에서 파생된 다이어토닉 코드톤 안에는 C#7코드는 존재
하지 않는다.[62] 그러나 네 번째 마디에는 C#7코드가 배치되었다[악보 15].
앞에서도 다루었던 것처럼 V7 코드는 Ⅰ도 코드로 가려는 성질이 있다.
이것을 도미넌트 모션(Dominant Motion)이라고 한다. 5마디에 쓰인 코드

---

60) 음표를 짧게 연주하는 것을 가리키는 용어로, 음표의 위 부분에 점을 찍어 표시하는 것과
　　stacc.와 같은 약호가 사용된다.
61) 멜로디 또는 리듬의 움직임을 일시적으로 정지시킨 공백 부분을 가리킨다.
62) 다이어토닉 스케일의 음들 위에 3화음 또는 4화음을 올려 만든 코드.

가 F#m7코드이기 때문에 F#m7코드를 I 도로 보고 이에 대응하는 V7 코드, 즉 C#7 코드를 4마디에서 사용할 수 있다. 또한 모든 도미넌트 세븐스 코드는 IIm7-V7로 분할할 수 있다. 따라서 4마디는 2번째 박까지 G#m7 그리고 그다음 두 박은 C#7이 사용되었다. 5마디에 사용된 코드 F#m7은 E key에서 IIm7 코드이다. 그러나 이 두 마디에서는 1도 마이너로 본다. 이것을 마이너 코드로 진행하는 도미넌트 세븐의 분할이라고 하며, 보통 "IIm7♭5 - V7 - Im7"으로 진행한다. 그러나 신선한 흐름을 위해 'IIm7 ♭5'는 'Im7' key의 음계상 코드에서 가져온 것인데 'IIm7♭5'을 대신하여 'IIm7'을 쓰기도 한다. 이 곡은 이러한 원리를 이용하여 'IIm7' 코드를 사용하였다. 이러한 코드 사용을 리하모니제이션(Reharmonization)이라고 한다. 리하모니제이션이란 코드 진행을 편곡자의 의도에 따라 변화 있고 매끄럽게 진행할 수 있도록 원래의 코드를 변경하는 것을 말한다.

ⓑ 교창

찬송가에서 교창의 형식은 유대인들의 시편 교창 형식을 이어받은 것이다. '쾌지나 칭칭 나네'나 '강강수월래' 등과 같은 우리나라의 민요들도 이런 형식이 사용되었던 것을 볼 수 있다. 우리나라 민요에서는 '메기고', '받는다'란 표현을 쓰고 있는데 한국 아카펠라 찬송에서는 선창(先唱), 후창(後唱)이 가장 적절한 용어라 판단된다. 여성부는 중요 가사 '이날'을 반복해서 선창하며, 남성부는 '물속에', '들어가', '물 위로', '올라와' 란 침례 관련 단어들을 후창으로 부르게 된다. 이것은 듣는 이와 부르는 이 모두를 가사의 의미와 음악에 집중시키는 효과가 있다. 또한 '이날 나 구원받은 날'이라는 메인 멜로디가 반복되는 가운데 여성부와 엇갈려 나오는 남성 성부는 가사의 의미를 보다 선명하게 강조하여 '이날'이 무엇을 의미하는 바를 분명하게 드러내 주는 편곡적 특징이 있다.

ⓒ '프리 코러스(Pre-Chorus)'

제9, 10마디가 프리 코러스라고 하기에는 너무 짧은 경향이 있다. 하지만 본 장의 목적은 아카펠라 찬송의 음악적 분석을 다루는 것이므로 이 구간을 프리 코러스로 분류하여 간략하게 설명하고자 한다. 프리 코러스란 벌스와 코러스 사이에 놓여 두 파트를 연결하여 대비시키는 역할이다. 특히 벌스의 가사는 4절까지 있는 것에 비해 프리 코러스는 가사가 '영원히 살겠네'로 고정되어 있다. 따라서 벌스 가사와 프리 코러스 가사를 매칭하는 것이 큰 과제였다. 이 곡의 주제인 동시에 침례 신앙 핵심은 하나님의 구원 사건이다. 따라서 '영원히 살겠네'를 반복하는 것은 그 의미를 강조하는 효과가 있다.

(c) '물속에 완전히 들어가'의 종합적 평가

이 곡은 성경적 세례를 교육하는 목적과 신앙의 결단을 다지는 교훈적인 곡이다. 전통적인 찬송가와 비슷한 형식이나 세련된 코드 편곡으로 현대 교회 성도들이 부르기에도 좋은 곡이다. 후렴구 핵심 메시지가 교창으로 인해 더욱 선명하게 강조되었다. 침례받고 구원받는 것이란 가사는 환원 신앙의 가르침을 분명히 하고 있다. 나아가 보다 자세히 가사를 묵상하다 보면 세례의 과정과 세례 이후의 삶에 진정한 의미를 알 수 있는 것이 특징적이다.

물속에 완전히 들어가

무릇 그리스도 예수와 합하여 침례를 받은 우리는 ...- 로마서 6:3

작사 작곡 전상길

[악보 16]

(2) 신실한 사랑

(a) '신실한 사랑'의 개요 및 구조와 형식

ⓐ 개요

'신실한 사랑'은 켄 영(Ken Young)의 곡으로 원제는 'Faithful Love'이다. 미국 찬송집 *Songs of Faith and Praise* 등에 수록된 곡을 번역하여 아카펠라 100곡에 실은 곡이다. 예수 그리스도의 신실한 사랑과 그의 이름을 찬양하는 것이 이 곡의 주제이다.

ⓑ 구조

C Major 조성이며 총 18마디로 이루어진 $\frac{4}{4}$ 박자 곡이다. 일반적으로 교창은 여성부와 남성부의 대비로 조화를 이룬다. 그러나 이 곡의 B파트를 보면 소프라노와 베이스, 알토와 테너의 교창 형식이 진행하는 것을 확인할 수 있다. 외성[63]부와 내성[64]부의 조화로운 편곡은 4성부 아카펠라 편곡의 좋은 아이디어를 제공해준다. 가장 고음인 소프라노와 저음인 베이스가 서로 어우러진 화성을 이루고, 중간 음역인 알토와 테너의 조화는 합창하는 이들에게 음악적 즐거움을 줄 수 있는 편곡이라고 할 수 있다.

---

63) 외성(Outer Voices): 다성 음악에 있어서 가장 높은 성부와 가장 낮은 성부를 가리킨다. 혼성 4부에서는 소프라노와 베이스가 외성이고, 이에 대해 알토와 테너를 내성이라고 한다.
64) 내성(Inner Voices): 하모니를 이루는 합주 부분에서 가장 높은 성부와 가장 낮은 성부를 제외한 성부.

ⓒ 형식

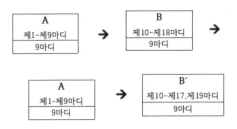

[그림 8 '신실한 사랑' 곡의 형식]

  악보에는 A(Verse) 8마디, B(Chorus) 9마디(+2번 엔딩 1마디)의 총 18마디로 단순한 형태이지만 도돌이표로 두 번 반복 되어 1번을 건너뛰고 세컨드 엔딩으로 끝나는 형태이다[그림 8]. 못갖춘마디로 1번 마디는 18마디에 종속되어 있다고 보기 때문에 포함되지 않았다[악보 17].[65] 제1마디의 1박과 제18마디의 3박이 합쳐져야 $\frac{4}{4}$박자의 한 마디(네 박)가 된다.

[악보 17 제1마디, 제18마디]

---

65) 못갖춘마디(Incomplete Bar): 곡의 첫 마디가 제1박부터 시작하지 않고 일단의 쉼표 후에 시작될 경우, 보통 쉼표를 생략하여 음표만으로 시작하며 이러한 경우를 못갖춘마디의 여린내기라 하고, 여기에 대해서 자기의 박자를 모든 박의 갖고 시작하는 경우를 갖춘마디의 센내기라 한다. 못 갖춘마디로 시작되는 음악은 못갖춘마디의 악절을 그대로 유지하는 경우가 많고, 맨 마지막 마디에서 첫 부분의 음만큼 짧아지게 된다.

그러므로 실제로는 세컨드 엔딩까지 카운트해야 총 18마디이지만 악보의 마디 번호(Bar Number)는 끝마디가 19마디이다. 그럼에도 파트 분류상 A9마디, B9마디로 총 18마디는 동일하다.

(b) '신실한 사랑'의 편곡적 특징

ⓐ 라임(rhyme)[66]

이 곡의 라임은 편곡의 단계가 아닌 작사, 작곡의 단계에서 이뤄진 영역으로 판단된다. 영어 원곡 가사와 번역된 한글 가사를 비교하여 살펴보고자 하는데, 먼저 곡 시작 부분 두 마디의 가사를 살펴보도록 한다.

[Faithful love flowing down/from the thorn covered crown]

모음이 동일하게 나오는 것을 알 수 있다. 또한 제5, 6마디 가사를 보자.

[Faithful love calms each fear/reaches down dries each tear]

자음 하나만 다른 비슷한 단어가 'each' 뒤에 자리 잡은 것을 볼 수 있다. 또한 악보가 보통 4마디가 한 줄로 정렬되는 것을 고려할 때 위의 가사는 첫째 줄의 앞 두 마디, 밑의 가사는 둘째 줄의 앞 두 마디이다. 위치상으로도 대칭이 되는데, 이것은 이 곡의 가사가 영문으로 된 시의 형태

---

66) 라임: 문학 시가에서, 시행의 일정한 자리에 같은 운을 규칙적으로 다는 일. 또는 그 운.

임을 보여주는 단적인 예이다. 그러나 언어의 특성상 한글 번역 단계에서 이 모든 시적인 라임은 사라졌다. 그나마 문장의 끝을 '네'라는 음절로 맞춘 것이 최선이었다고 할 수 있다. 이것이 번역된 곡의 한계이다. 이것이 우리의 정서와 언어로 된 찬송이 계속해서 창작되어야 할 이유일 것이다.

ⓑ 반복된 리듬

A파트는 마지막 8마디를 제외하고 계속 같은 리듬이 반복된다. 8분음표 두 개와 4분음표 하나, 총 두 박으로 된 리듬(♪ ♪ ♩)이 반복되며, 두 박자에 한 단어로 진행하게 된다. 지극히 단순한 리듬 패턴이 마치 띄어쓰기를 하듯 각 단어의 의미를 더욱 분명하게 전달하는 역할을 하게 된다. 글을 읽을 때 띄어쓰기가 없다면 글의 의미를 바로 이해하기 어려운 것과 같은 이치일 것이다.

ⓒ 교창

A파트의 단순한 리듬의 반복 이후 이어진 B파트에는 교창 형식이 등장한다. 대부분의 교창 형식에서 보여주는 편곡인 여성부와 남성부의 대칭이 아니라, 외성부와 내성부의 조합으로 교창하는 것이 이 곡의 편곡적 특징이다. 이것은 크게 두 가지 효과를 얻을 수 있는데, 첫째는 집중하게 하는 효과이며, 둘째는 빌드업이다. 이 곡의 내·외성부의 편곡적 특징은 주요 가사인 '신실한 하나님 사랑'과 '주 예수의 이름'이 강조되는 효과를 얻게 했다. 이 가사가 본 곡의 클라이막스라 할 수 있는데 원곡 영어 가사를 살펴보면 'For I've seen faithful love face to face, and Jesus is His name'이다. 이것을 직역하면 '내가 신실한 사랑을 대면하여 보았(경험했)기 때

문이고, 그의 이름은 예수'이다. 자신이 변화된 이유가 예수님의 신실한 사랑을 직접 목격하고 체험했기 때문이라고 설명하는 것인데, 이것이 이 곡의 핵심 주제이다. 이처럼 주제 문장을 부각하기 위한 장치로 2성부 교창에서 4성부 합창으로 전환한 것이 이 곡의 중요한 편곡적 특징이다.

(c) '신실한 사랑'의 종합적 평가

띄어쓰기와 반복된 리듬 등의 일정한 간격으로 전달하고자 하는 가사를 분명하게 전달하고 있는 것이 특징이다. 또한 마지막 주제 문장을 돋보이기 위한 편곡적 장치의 하나인 교창 형식은 일반적인 여성부, 남성부의 분리와는 조금 다른 방식으로 되어있다. 앞서 설명한 것처럼 외·내성부의 분리는 각 성부의 장점을 잘 살려줄 수 있는 구성이다. 특별히 이 곡은 가사의 시적 표현과 주제 문장이 클라이맥스(절정)에 배치됨으로 더욱 돋보이게 표현되었다. 작사자의 의도에 맞게 편곡된 좋은 예라고 할 수 있다. 다만 번역에 한계로 영어 가사가 의도한 의미를 모두 표현하지 못한 것에 아쉬움이 있다. 'And I'll never be the same' '그리고 나는 결코 (이전과) 같지 않을 것이다'이란 가사가 '이제 우리 찬양해'로 바뀐 것이 대표적 예이다. 번역에 있어 전체적인 의미는 잘 드러냈지만 한 문장만 놓고 보면 전혀 다른 의미이다. 이런 의미에서 외국의 좋은 찬송 곡들을 번역하여 사용하는 것과 더불어 우리말과 우리 정서의 찬송을 창작하는 것이 한국 아카펠라 찬송 발전에 중요한 과제라고 할 수 있겠다.

각 챕터의 요점은 다음과 같다.

아카펠라로 교회음악을 노래하다

ⓐ **교창 형식**: '물속에 완전히 들어가'와 '신실한 사랑' 모두 교창 형식을 활용하여 선창(여성부)과 후창(남성부) 또는 외성부와 내성부 간의 대화 형식으로 진행된다. 이를 통해 곡의 가사를 더 선명하게 전달하고, 메시지의 집중도를 높이는 효과가 있다.

ⓑ **현대적인 코드 편곡과 리하모니제이션**: '물속에 완전히 들어가'에서는 전통적인 찬송가 스타일을 유지하면서도 현대적이고 색다른 코드 편곡을 통해 새로운 분위기를 만든다. C#7과 같은 도미넌트 코드의 분할을 통해 곡의 긴장감과 연결감을 높였다.

ⓒ **프리 코러스와 브레이크 기법**: '물속에 완전히 들어가'의 프리 코러스는 짧지만 반복되는 가사를 통해 주제의 핵심을 강조한다. 또한, 후렴 직전에는 브레이크를 사용해 순간적인 정적을 만들어 청자의 집중을 유도하는 효과를 준다.

ⓓ **라임과 반복된 리듬**: '신실한 사랑'에서는 반복된 리듬을 통해 가사 전달을 명확하게 하고, 영어 가사의 라임을 살려 시적 분위기를 유지하려고 했다. 반복되는 간격은 리듬의 단순성을 유지하면서 가사의 의미를 부각시킨다.

ⓔ **외성부와 내성부의 교창**: '신실한 사랑'의 B파트에서는 소프라노와 베이스, 알토와 테너가 각각 교창 형식으로 나뉘어 주제 가사를 더욱 강조하고, 감정의 고조를 이루어 곡의 클라이맥스를 구성한다.

① 교창 형식은 두 파트가 번갈아 가며 노래하는 방식이다.   (Yes/No)

② '물속에 완전히 들어가'의 리하모니제이션은 중세바로크 편곡
   을 활용한 것이다.   (Yes/No)

③ '신실한 사랑'의 반복된 리듬은 가사 전달을 명확하게 돕는다.   (Yes/No)

④ 브레이크 기법은 곡의 긴장감을 높이는 데 사용된다.   (Yes/No)

⑤ 라임은 주로 곡의 멜로디를 단순하게 만드는 데 쓰인다.   (Yes/No)

⑥ 교창 형식의 주요 목적은?
   a) 가사의 의미를 강조
   b) 리듬을 단순화

⑦ 리하모니제이션의 효과는?
   a) 가사의 리듬을 일정하게 한다.
   b) 곡의 화성적 변화를 준다.

⑧ 브레이크 기법은 어떤 효과를 줄 수 있는가?
   a) 순간적인 정적으로 집중 유도
   b) 리듬의 흐름을 빠르게 함

⑨ 외성부와 내성부의 교창 형식은 곡의 (   )을 강조하는 효과를 준다.

⑩ '물속에 완전히 들어가'에서 프리 코러스는 (   )을 반복해 주제를 강조한다.

* 모범 답안 241페이지 참조

신실한 사랑

Faithful Love

주의 성실하심을… 대대에 알게 하리이다 - 시편 89:1

Ken Young

이제 우리 찬양해 신실
이제 우리 찬양해
한 하나님 사랑과 주 예수의 이름 름

[악보 18]

아카펠라로 교회음악을 노래하다

모범 답안

I 아카펠라 찬송론

1. 예배와 찬송의 개념

① Yes
② Yes
③ Yes
④ No
⑤ Yes
⑥ a)
⑦ a)
⑧ a)
⑨ 계시와 응답(반응)
⑩ 복음

2. 구약 시대의 찬송

① Yes
② No
③ Yes
④ No
⑤ No
⑥ b)
⑦ a)
⑧ a)
⑨ 성막
⑩ 아삽

3. 초기교회의 찬송

① No
② Yes
③ No
④ No
⑤ Yes
⑥ b)
⑦ b)
⑧ b)
⑨ 악기
⑩ 회당

4. 종교개혁 시대의 찬송

① Yes
② No
③ No
④ No
⑤ Yes
⑥ a)
⑦ a)
⑧ a)
⑨ 결과
⑩ 회당, 다락방

아카펠라로 교회음악을 노래하다

5. 환원운동과 아카펠라 찬송

① Yes

② No

③ Yes

④ Yes

⑤ No

⑥ a)

⑦ b)

⑧ a)

⑨ 일치

⑩ 아카펠라

II 아카펠라 찬송 인도자의 영성과 음악성

1. 찬송 인도자의 탁월성:
영성과 음악성

① Yes

② Yes

③ No

④ Yes

⑤ No

⑥ a)

⑦ a)

⑧ a)

⑨ 순결

⑩ 생각

2. 찬송 인도자의 리더십

① Yes

② No

③ Yes

④ Yes

⑤ Yes

⑥ a)

⑦ a)

⑧ b)

⑨ 공동체 성

⑩ 그리스

III 아카펠라 찬송 인도자가 갖춰야 할 관점

1. 좋은 찬송 인도자의 관점

① Yes

② Yes

③ No

④ Yes

⑤ Yes

⑥ b)

⑦ a)

⑧ a)

⑨ 가치

⑩ 예언자적

2. 현대교회의 예배에 대한 전망

① No

② Yes

③ No

④ Yes

⑤ Yes

⑥ a)

⑦ a)

⑧ b)

⑨ N세대

⑩ 공동체 지향성

IV 아카펠라 찬송 인도의 실제적 활용 방안과 발전

1. 찬송 인도 준비를 위한 활용 방안

① Yes

② Yes

③ No

④ Yes

⑤ No

⑥ a)

⑦ b)

⑧ a)

⑨ 벌스(Verse)

⑩ 조성

2. 송리더 인도법과 모양음표의 활용 방안

① Yes

② Yes

③ Yes

④ No

⑤ Yes

⑥ a)

⑦ a)

⑧ b)

⑨ 모양

⑩ 소통

아카펠라로 교회음악을 노래하다

Ⅴ 아카펠라 찬송의 분류와 음악적 분석

1. 보편적 찬송
① Yes
② Yes
③ No
④ No
⑤ Yes
⑥ b)
⑦ b)
⑧ a)
⑨ 강박
⑩ 논코드톤

3. 화답식(교창) 찬송
① Yes
② No
③ Yes
④ Yes
⑤ No
⑥ a)
⑦ b)
⑧ a)
⑨ 주제
⑩ 가사

2. 돌림노래 찬송
① Yes
② Yes
③ No
④ No
⑤ No
⑥ a)
⑦ a)
⑧ b)
⑨ 멜로디
⑩ 약박

참고문헌

[한글저서와 논문]

강길호, 김현주. 『커뮤니케이션과 인간』. 서울: 한나래, 2003.

그리스도의교회출판사 편집부. "교회와 악기." 『그리스도의교회』 13(2014): 50-61.

김광건. 『리더십 업데이트』. 서울: 패스터스하우스, 2008.

김남수. 『교회와 음악 그리고 목회』. 서울: 요단 출판사, 1997.

김남식. 『기독교 커뮤니케이션학』. 서울: 도서출판 베다니, 1999.

김문현. "요한복음에 나타난 성령-보혜사 연구." 『그리스도대학교 교수 논문집』
6(2006): 181-250.

장민호, 김성배. "현대 예배음악에 사용된 대중음악적 표현양식에 대한 음악미
학. 사회학적 해석 적용에 관한 연구." 『신학과 실천』 67(2019): 67-93.

김영민. "사회적 영성으로서의 크리스천 리더십에 관한 연구." 박사논문. 케이씨
대학교 일반대학원, 2020.

김영수. "찬송가를 통한 찬양 예배의 활성화 방안." 박사논문, 호서대학교 연합
신학전문대학원, 2006.

김이곤. "회당예배." 『연신원 목회자 하기 신학세미나 강의집』 9(1989): 140-162.

김찬국. "예배와 시편." 『연신원 목회자 하기 신학세미나 강의집』 6(1986): 229-243.

김홍인. 『음악의 기초이론』. 서울: 수문당, 2005.

로고스 편. 『스트롱코드 히브리어·헬라어 사전』. 서울: 도서출판 로고스, 2011.

문병하. 『크리스천 리더십』. 경기: 도서출판 목양, 2011.

문병하. "21세기 한국 교회를 위한 영적 리더십." 『한국기독교신학논총』 38(2005):
211-237.

문병하. "크리스천 리더십으로서의 멘토링에 대한 고찰." 『한국기독교신학논총』

아카펠라로 교회음악을 노래하다

68(2010): 359-378.

문병하. 『그리스도의교회 예배학』. 서울: 그리스도대학교 출판국, 2008.

문성모. "마틴 루터의 예배음악에 대한 신학적 이해." 「낭만음악」 32(1996): 57-80.

문영탁. 『찬송가 해설집』. 서울: 새순출판사, 1984.

민경배. 『한국교회 찬송 가사』. 서울: 연세대학교출판부, 1997.

민경배. 『교회와 민족』. 서울: 연세대학교출판부, 1992.

박경수. 『박경수 교수의 교회사 클래스』. 서울: 대한기독교서회, 2010.

박신배. "발톤 스톤의 생애와 신학, 그리스도의교회(아카펠라)연구." 「복음과 교회」 19(2013): 26-59.

박은규. 『예배의 재구성』. 서울: 대한 기독교 출판사, 1933.

박준서. "성전예배." 『연신원 목회자 하기 신학세미나 강의집』 9(1989): 128-139.

배영호. "멀티미디어 시대의 커뮤니케이션으로서 설교에 관한 연구." 박사논문. 한신대학교 신학전문대학원, 2004.

배춘섭. "영적 전쟁에 관한 개혁주의 입자에서의 평가." 「한국개혁신학」 51(2016): 88-128.

브루스 리프블래드. "여호와의 성전에서 찬송하는 직분 : 교회에서 음악의 역할에 대한 생각." 「장신 국제학술대회」 12(2011): 330-357.

삼호뮤직 편집부. 『파퓰러 음악 용어 사전』. 서울: 삼호뮤직, 1997.

서덕원. 『재즈 리듬』. 서울: Score, 2012.

손세훈. 『시편 탄원 신학 시인 · 원수 · 하나님』. 서울: 북포유, 2010.

손세훈. 『갈릴리에서 읽는 시편』. 서울: 북포유, 2013.

심상길. "하나님의 백성과 종말." 「복음과 교회」 17(2012): 222-259.

양동복. 『새로운 대중음악 ccm』. 서울: 예영커뮤니케이션, 2000.

오영걸. 『성경에서 비쳐 본 교회음악개론』. 서울: 작은우리, 2000.

유재원. "한국형 이머징 예배의 가능성 연구." 「장신논단」 45(2013): 251-279.

유재원. "이머전트 교회 운동의 신학화 가능성에 관한 고찰-로버트 E. 웨버의 '고대-미래'접근법을 중심으로." 「장신논단」 43(2011): 255-277.

유제훈. "기독교 리더십의 재구성에 관한 연구: Bolman과 Deal의 네 가지 프레임 이론을 중심으로." 박사논문. 웨스트민스터신학대학원대학교, 2019.

이상규. 『헬라 로마적 상황에서 기독교』. 서울: 한들출판사, 2006.

이상일. "루터의 음악신학과 예배에서의 음악사용." 「장신논단」 48(2016): 91-118.

이석철. "멘토링의 개념 및 제자훈련과의 관계에 대한 이해." 「복음과 실천」 43(2009): 325-354.

이오갑. "루터 신학과 영성의 개요." 「신학사상」 178(2017): 81-115.

이오갑. "종교개혁의 예배와 신학." 「복음과 교회」 9(1997): 93-120.

이윤영. 『개혁주의 찬송가학』. 서울: 기독교문서선교회, 1993.

이재욱. "한국 교회 예배 갱신을 위한 이머징 예배에 관한 연구." 박사논문. 백석대학교 기독전문대학원, 2015.

이준환 편. 『구약성서개론』. 서울: 기독교서회, 2004.

전인수. "환원운동과 그리스도의교회." 「케이씨대학교 교수 논문집」 18(2018): 120-153.

전정임. "도형음표를 활용한 음악영재교육 프로그램 개발 연구." 「이화음악논집」 15(2011): 1-25.

정서미 편. 『성서 배경사: 창조에서 예수 그리스도까지』. 서울: 대서, 2015.

정지현. "종교 개혁적 시각으로 본 한국 교회 CCM에 관한 연구." 박사논문. 백석대학교 기독교전문대학원, 2010.

정창은. "한국교회 예배음악의 갱신 방안 연구- 루터 · 칼빈 · 웨슬리의 회중찬송을 중심으로." 박사논문, 백석대학교 기독교전문대학원, 2017.

조동호. 『환원운동』. 서울: 그리스도의교회 연구소, 2017.

조숙자, 조명자. 『찬송가학』. 서울: 장로회신학대학출판부, 1990.

조숙자. "대한예수교 장로회총회의 새찬송가 연구." 「장신논단」 22(2004): 441-467.

주승중. "예배의 회복과 교회교육 ; 예배의 회복, 누구를 위한 예배인가?" 「교육교회」 266(1999): 2-8.

주연수. "기독교교육과 종교적 상상력의 기능." 「장신논단」 51(2019): 227-254.

아카펠라로 교회음악을 노래하다

최이진.『Logic Pro9』. 서울: 도서출판 노하우, 2011.

하재송. "칼빈의 교회음악 사상과 교회음악의 개혁주의적 원리."「총신대학교 논
　　　문집」28(2008): 466-495.

한양대학교 음악연구소 편. "음악 용어 정리 목록."「음악논단」2권(1985): 281-393.

한영재.『기독교 대백과사전 제4권』. 서울: 기독교문화사, 1994.

홍정수.『교회음악 예배음악 신자들의 찬양』. 서울: 장로회신학대학교출판부, 2002.

홍정수.『교회음악개론』. 서울: 장로회신학대학 출판사, 1995.

홍정수, 허영한, 오희숙, 이석원.『음악학』. 서울: 심설당, 2004.

[외국어 번역저서]

고다이, 고란/ 안세은, 김수환 역.『코드의 정석』. 서울: 현대음악, 2010.

그라우트, 도널드/ 서우석 역.『서양음악사』. 서울: 심설당, 1986.

그린리프, 로버트/ 강주헌 역.『서번트 리더십 원전』. 서울: 참솔, 2002.

곤살레스, 후스토/ 엄성옥 역.『초대 교회사』. 서울: 은성, 2012.

길버트, 아이보/ 김영일 역.『하나님의 인간 이해』. 서울: 대한기독교서회, 1996.

길버트, 에드/ 남성훈 역.『열린 소통의 예배』. 서울: 엠마오, 2011.

길버트, 에드/ 이남수 역.『기독교 철학 개론』. 서울: 요단출판사, 1996.

노스하우스, 피터/ 김남현 역.『리더십: 이론과 실제』. 서울: 경문사, 2018.

니부어, 리처드/ 김재준 역.『그리스도와 문화』. 서울: 대한기독교서회, 1991.

레인, 브라이언/ 최성은 역.『하나님의 나라』. 서울: 엠마오, 1999.

레인, 찰스/ 이정희 역.『교회 음악의 이해』. 서울: 엠마오, 1994.

루이스, 잭/ 석태진 역.『예배 시에 악기를 사용하는 것이 성경적인가』. 서울: 그
　　　리스도의교회 출판사, 1997.

레이번, 로버트/ 김달생, 강귀봉 역.『예배학』. 서울: 성광문화사, 1982.

레이놀즈, 윌리엄/ 이혜자 역.『찬송가학』. 서울: 이화여자대학교, 1997.

레이코프, 조지, 존슨, 마크/ 노양진, 나익주 역.『삶으로서의 은유』. 서울: 도서출판 박이정, 2006.

마샬, 피터/ 이재만 역.『종교개혁』. 서울: 교유서가, 2016.

마츠다 쇼/ 길옥윤 역.『경음악 편곡법』. 서울: 세광 음악 출판사, 1988.

맥가브란, 도널드/ 박보경, 이대헌, 최동규, 황병배 역.『교회성장 이해』. 서울: 대한기독교서회, 2017.

맥그래스, 앨리스터/ 소기천, 이달, 임건, 최춘혁 역.『신학의 역사』. 서울: 지와사랑, 2001.

맥스웰, 윌리엄/ 장정복 역.『예배의 발전과 그 형태』. 서울: 쿰란 출판사, 1996.

맥컬로치, 디아마이드/ 이은재, 조상원 역.『종교개혁의 역사』. 서울: 기독교문서선교회, 2011.

메이어스, 마크/ 정정숙 역.『예배 디자인』. 서울: 생명의 말씀사, 2015.

밀리오레, 다니엘/ 장경철 역.『기독교 조직신학 개론』. 서울: 한국장로교출판사, 1994.

백스, 로저/ 박경순 역.『교회 음악의 이해』. 서울: 예수교문서협회, 2004.

백웰, 베드로/ 양낙흥 역.『신학의 이해』. 서울: 여의도출판사, 1998.

버리포드, 미어드/ 김영미 역.『성서적 교회론』. 서울: 요단출판사, 2003.

버지니아, 로마/ 이희재 역.『교회란 무엇인가』. 서울: 성광문화사, 1999.

베이커, 윌리엄/ 심상길, 전인수 역.『복음주의와 스톤-캠벨운동』. 서울: 영성월드뉴라이프, 2015.

브라우닝, 마리아/ 박기진 역.『기독교 철학 개론』. 서울: 요단출판사, 2001.

브룩스, 필립스/ 서문강 역.『설교론 특강』. 서울: 크리스천다이제스트, 2001.

브루게만, 월터/ 김쾌상 역.『예언자적 상상력』. 서울: 대한기독교서회, 1981.

브루스, 프레드릭/심창섭 역.『초대 기독교 역사』. 서울: 기독교문서선교회, 2009.

사임, 에이전/ 김성옥 역.『한국교회의 사역』. 서울: 엠마오, 2002.

새뮤얼스, 앤드류/ 김연주 역.『교회 성가대의 실천』. 서울: 예수전도단, 2007.

스캇, 존/ 김영희 역.『하나님의 인간 이해』. 서울: 생명의말씀사, 1995.

아카펠라로 교회음악을 노래하다

bama: Freed Hardeman University, 1991.

Green, Garnett. Imagining God: Theology and the Religious Imagination. Grand Rapids: William. B. Eerdmans Publishing, 1998.

Hendren, Bob. Which Way The Church? Leadership Choices In Days Of Crisis. Nashville: 20th Century Christian, 1985.

Hughe, Richard Thomas and R. L. Roberts. The Churches of Christ. Westport Connecticut: Greenwood Publishing Group, 1943.

Hunter, George G. Church for the Unchurched. Nashville. TN: Abingdon Press, 1996.

Kurfees, M. C. Instrumental Music in the Worship or the Greek Verb Psallo. Nashville: The Gospel Advocate, 1911.

Lowens, Irving and Allen P. Britton. "The Easy Instructor 1798-1831: A History and Bibliography of the First Shape Note Tune Book." Journal of Research in Music Education. 1(1953): 30-55.

Mark, G. Toulouse, ed. Walter Scott A Nineteenth-Century Evangelical. St. Louis, Missouri: Chalice Press, 1999.

McClintock, John and James Strong. Mcclintock & Strong's Encyclopedia. Vol 6. Ada, Mi: Baker Academic, 1982.

Miller, Dave. Richland Hills & Instrumental Music: A Plea to Reconsider. Montgomery: Apologetics Press, 2007.

Miller, Dave. Singing and New Testament Worship. Abilene, Tx: Quality Publications, 1994.

Pharr, David R. "Does Instrumental Music Matter?" Spiritual Sword. 29(1996): 31.

QuAsten, Johannes. Music and Worship in Pagan and Christian Antiquity. Washington: National Association of Pastoral Musicians, 1983.

Schaff, Philip. About History of the Christian Church: Modern Christianity Volume VI The German ReformationI. Grand Rapids, Mi: Christian

CLassics Ethereal Library, 1882.

Smith, F. W. How to Praise God Today or Can We Have Instrumental Music in the Worship? Nashville: Gospel Advocate co, 1929.

Schwarz, Hans. "Martin Luther and Music," Lutheran Theological Journal 39/2-3(2005), 210-217.

Tylor, Edward B. Primitive Culture. London: JohnMurry, 1871.

Vine, William Edwy. Vine's Exposirory of Biblical Words. Nashville: Thomas Nelson. Inc., 1985.

Wendel, Elisabeth Moltmann and Jurgen Moltmann. Humanity in God. New York: Pilgrim Press. 1983, 88.

Wharton, Edward C. The Church of Christ: The Distinctive Nature Of The New Testament Church. Nashville: The Gospel Advocate co. 1997.

Wilbum, James R. The Hazard of the Die: Tolbert Fanning and the Restoration Movement. Malibu, CA: Pepperdine University Press, 1980.

Walker, Wayne S. "History of Our Hymnbooks." Faith & Facts Journal. 27(1999): 322.

Witvliet, John D. "The Spirituality of the Psalter: Metrical Psalms in Liturgy and Life in Calvin's Geneva." Calvin Theological Journal. 32(1997): 273-297.

아카펠라로
교회음악을 노래하다

ⓒ 전상길, 2025

초판 1쇄 발행 2025년 1월 2일

지은이   전상길
펴낸이   이기봉
편집   좋은땅 편집팀
펴낸곳   도서출판 좋은땅
주소   서울특별시 마포구 양화로12길 26 지월드빌딩 (서교동 395-7)
전화   02)374-8616~7
팩스   02)374-8614
이메일   gworldbook@naver.com
홈페이지   www.g-world.co.kr

ISBN   979-11-388-3854-2 (93230)